To Ken.

"A special instance of self-hate may be seen in the person who is forced to identify with a group he dislikes. He may dislike the group because its values are not his own — the *Jew who shares the anti-Semitism of the society in which he lives. The effect of forced identification with the group may be that he comes to hate his own group — the group with which he is irrevocably identified — and to hate himself as a member of this group."

\* Amend accordingly!
11th Dec. 1961.

Br.

# WINNIE ILLE PU

# A. A. Milnei

# WINNIE ILLE PU

Liber celeberrimus omnibus fere
pueris puellisque notus
nunc primum de anglico sermone
in Latinum conversus auctore

ALEXANDRO LENARDO

Londonii: Sumptibus Methueni et Sociorum
Neo-Eboraci: Sumptibus Duttonis
MCMLXI

*Winnie-the-Pooh (in English)*
*First published October 14th 1926*
*Winnie ille Pu (in Latin)*
*First published in São Paulo, Brazil, 1958*
*First published in this country October 27th 1960*
*Reprinted thrice 1961*
*Latin translation © 1960 Alexander Lenard*
*English original © 1926, 1954 A. A. Milne*
*Illustrations copyright Ernest Shepard*
*under the Berne Convention*
*Printed in Great Britain*
*by Jarrold & Sons Ltd, Norwich*
*Cat. No. (Methuen) 2/6417/5*

1·4

# Capita

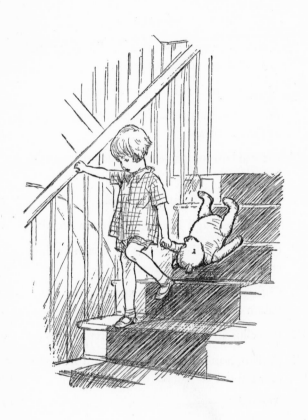

# I

¶ Quo in capite nobis ostentantur
Winnie ille Pu atque apes nonnullae
et incipiunt fabulae

ECCE EDUARDUS URSUS scalis nunc tump-tump-
tump occipite gradus pulsante post Christophorum
Robinum descendens. Est quod sciat unus et
solus modus gradibus descendendi, nonnunquam autem
sentit, etiam alterum modum exstare, dummodo pul-
sationibus desinere et de eo modo meditari possit.
Deinde censet alios modos non esse. En, nunc ipse in
imo est, vobis ostentari paratus. Winnie ille Pu.

Nomen audiens primum, sicut vos dicturi estis, etiam
ego dixi:

'Credidi eum puerum esse!'

'Ego quoque,' dixit Christophorus Robinus.

'At non potes eum "Winnie" vocare!'

'Minime vero.'

'Dixisti autem. . . .'

'Est Winnie *ille* Pu. Num nescis, quid "ille" significet?'

'Scilicet nunc scio,' cito subjunxi; et spero vos etiam
scire, quia nullam nisi hanc explicationem accipietis.

Modo Winnie ille Pu apud imos gradus ludum diligit,

modo autem ante ignem considens fabulam audire amat.
Eo vesperi. . . .

'Quid de fabula quadam opinaris?' rogavit Christophorus Robinus.

'Quali de fabula?' dixi.

'Amabo te, potesne Winnie ille Puo fabulam narrare?'

'Censeo me posse,' dixi. 'Quales fabulas diligit?'

'De seipso. Nam talis ursus est.'

'Sane, teneo.'

'Nonne potes?'

'Conabor,' dixi.

Itaque conatus sum.

Olim, iamdudum, fere die Veneris proximo, Winnie ille Pu sub nomine Sandersi solus in silva habitabat.

('Quid significat "sub nomine"?' Christophorus Robinus rogavit.

'Significat nomen eius aureis litteris super porticulam inscriptum fuisse et eum illo sub nomine habitavisse.'

'Winnie ille Pu non habuit pro certo,' dixit Christophorus Robinus.

'At nunc habeo,' dixit vox grunnica.

'Tum pergo,' dixi.)

Die quodam inter ambulandum media in silva ad rariorem silvae locum pervenit et medio in loco quercus permagna stabat et de sublimi quercu rumor magnus apium consonantium prodibat. Winnie ille Pu ad imam quercum sedens manus mento subposuit et secum reputare coepit.

Primum secum dixit: 'Iste bombus aliquid significat.

Nullus exstat bombus bombans atque rebombans significatu carens. Si est bombus, est etiam bombans aliquis, et unica causa bombi bombantis, quod equidem sciam est haec: apis esse.'

Postea iterum per longum cogitavit deinde dixit: 'et unicus finis apium existentiae, quod equidem sciam, est mellificium.'

Deinde exsurrexit et 'unicus finis mellis conficiendi,' dixit, 'est a me sumi.' Itaque ad summam arboris niti coepit.

Et nisus est
et
nisus est
et
nisus est
et
nisus est
et nitens carmen sic coepit canere:
Cur ursus clamat?
Cur adeo mel amat?
Burr, burr, burr
Quid est causae cur?

Deinde paulo protinus nisus est . . . et protinus . . . et paulo protinus. Interea aliud carmen composuerat:

Cur calleo cantare
Dum nequeo volare?
Egeo dulcis mellis
Sed mel stat in stellis!

Iam propemodo defatigatus erat et ea de causa carmen quasi neniam cantitavit. Tunc fere in cacumine arboris erat, et si ramum illum attig. . . .

Crac!

'Age, succurrite!' dixit Pu, per decem pedes usque ad ramum infra se cadens.

'Utinam ne . . .' dixit, per viginti pedes ad proximum ramum praecipitans.

'Tenes, quod in animo habui . . .' explicavit, se revolvens et ad ramum triginta pedibus inferiorem praeceps desiliens, 'in animo habui. . . .'

'Scilicet, erat valde . . .' fassus est, velocius inter sex ramos proximos delabens.

'Totum in eo est, existimo . . .' decrevit ultimo ramo

valedicens, se ter circum axem vertens et venuste in vepres volans, 'ut mel adeo diligam. Age, succurrite!'

E vepribus prorepsit et spinis e naso evulsis denuo cogitare coepit. Principis autem ex omnibus Christophori Robini in mentem ei venit.

('Mei venit?' rogavit Christophorus Robinus reverenter, quia hoc vix credere ausus est.

'Sane, tui venit!'

Christophorus Robinus ne uno quidem verbo silentium rupit, sed oculi eius magis magisque amplificati sunt et vultus eius magis magisque erubuit.)

Winnie ille Pu ad amicum suum Christophorum Robinum ivit, qui in altera parte silvae post portam viridem habitabat.

'Salve Christophore Robine,' dixit.

'Salve Winnie ille Pu,' dixisti.

'Scire velim, an rem folliculo-similem habeas?'

'Folliculum?'

'Sane. Praetergrediens mecum dixi: "scire velim, an Christophorus Robinus folliculo-simile quid habeat." Mecum dixi follicula atque talia mente agitans et scire avens.'

'Quorsum tibi opus est folliculo?' dixisti.

Winnie ille Pu circumspexit, ne quis audiret ungulam ad os suum retulit, et voce demissa susurravit: 'MEL!'

'Sed mel cum folliculis non aufers!'

'Aufero,' dixit Pu.

Casu autem evenit, ut tu pridie in domo Porcelli amici esses et eo in convivio folliculos haberetis. Magnum quidem folliculum viridem acceperas et unus ex Leporis cognatis caeruleum quendam magnum acceperat et reliquerat, quia pusillior erat quam ut convivii particeps esset. Viridem igitur atque caeruleum tecum domum tuleras.

'Uter placet?' Pum interrogavisti.

Pu caput ungulis sublevans diligentissime secum meditatus est.

'Nunc se res sic habet,' dixit. 'Mel cum folliculo quaerenti omnium est primum apes de adventu suo certiores non facere. Ergo si folliculum viridem habes, fortasse cogitare poterunt te partem modo arboris esse nec te animadvertent; si autem caeruleum habes cogitare poterunt te partem coeli esse, neque te animadvertent. Quaeritur: quid est veri similius?'

'Nonne te sub folliculo animadvertent?' rogavisti.

'Fortasse animadvertent me, fortasseautem minime,' dixit Winnie ille Pu. 'De

apibus semper dubitandum est.' Ac paulisper meditatus subjunxit: 'Conabor nubecula parva et nigra videri. Id eos decipiet.'

'Quod cum ita sit, tibi folliculus caeruleus est praeferendus,' respondisti et ita res statuta est.

Ambo igitur cum folliculo caeruleo abistis et tu sclopetum ad omnem eventum adtulisti, sicut tuus est mos. Winnie ille Pu autem ad conceptaculum aquae lutulentae, quam noverat iit ibique sese volvit et revolvit dum totus nigro colore infectus fuit. Deinde, cum folliculus ad magnitudinem maximam inflatus esset, et tu cum Puo folliculi funiculum tenuisses et repente dimisisses, Pu

eleganter sublimis abiit et cum cacumine quercus pari linea sed viginti pedibus intermissis constitit.

'Io, triumphe!' clamavisti.

'Optime, nonne?' Pu clamavit. 'Qualem speciem praebeo?'

'Speciem ursi folliculum tenentis,' respondisti.

'Nonne,' Pu timide rogavit, 'nonne videor nubecula nigra et parvula in coelo caeruleo?'

'Non admodum.'

'Esto, forsitan hic in excelso aliter appareat. Et – inquam – de apibus semper dubitandum est.'

Venti afflatus vero, quo ad arborem admoveretur cessavit, constitit igitur. Poterat mel prospicere, poterat mel odorari, nequivit autem mel attingere.

Parumper commoratus te superne vocavit:

'Christophore Robine!' susurravit magna voce.

'Heus?'

'Credo apes suspicionem habere!'

'Quid habent?'

'Nescio. Sed aliquid mihi dicit: suspicionem.'

'Fortasse suspiciunt te mel eorum petere?'

'Fieri potest. De apibus semper dubitandum est.'

Parumper iterum silentium fuit, postea autem denuo deorsum vocavit:

'Christophore Robine!'

'Quid ergo est?'

'Habesne domi umbellam?'

'Credo me unam habere.'

'Velim umbellam adferas, teneas et ultro citroque commeans intentis in coelum oculis dictites "Tut-tut,

[ 8 ]

pluviae impendent." Credo te hoc modo mihi in decep-
tione apium adjuturum esse.'

Licet tecum riseris: 'Vetule, stultule urse!' nihil aperte
dixisti quia eum admodum dilexisti et umbellam petitum
domum isti.

'Te ecce,' Winnie ille Pu deorsum clamavit simul ac
ad arborem redisti. 'Iam trepidavi! Certe reperi apes
nunc suspicionem habere!'

'Vis me umbellam expandere?'

'Volo, sed exspecta momentum temporis. Efficaciter
agendum est. Apis praesertim fallenda est regina apium.
Potesne ab imo reginam ipsam videre?'

'Non possum.'

'Dolendum est. Nunc si umbellam tenens citro ultroque
commees et dicas: "Heu, eheu, aliquid imbrem prae-
monet," ego quoque quantum plurimum potero, prae-
stabo et carmen quoddam nebulosum canam, sicut
nubeculis parvulis canere datum est . . . age, perge!'

Dum ultro citroque commeabas num nubes minaturae essent scire avens Winnie ille Pu carmen istud cantitavit:

Quis vult in terra stare
Cum possit volitare?
Parva nubecula
Cantitat carmina.

Quis vult in terra stare
Cum possit volitare?
Vita nubeculae
Est fons superbiae.

Apes sicut antea magna cum suspicione bombilabant. Nonnullae ex apiario egressae, reapse, nubeculam alteram stropham carminis cantantem circumvolabant et una ex illis per punctum temporis in naso nubeculae se posuit deinde autem alis se sustulit.

'Christophore – heus – Robine,' clamavit nubecula.
'Quid est?'

'Mecum cogitavi et consilium magni momenti cepi. Istud est genus falsum apium!'

'Serion' dicis tu?'

'Sane, est genus falsum. Credo igitur eas mel falsum conficere, annon?'

'Ain' tu?'

'Sane. Censeo igitur mihi descendendum esse.'

'Quomodo?' rogavisti.

Qua de re Winnie ille Pu nondum secum meditatus erat. Funiculo repente e manibus misso – bump – praecipitaret et imaginem eam in animo abhorrebat. Itaque diutissime meditatus dixit:

'Christophore Robine, folliculum ictu sclopeti perforare debes. Adtulisti sclopetum?'

'Scilicet, adtuli,' dixisti. 'Sed ita folliculum diruo,' dixisti.

'At ni id fit,' dixit Pu, 'me folliculum dimittere oportet et egomet diruor!'

Quibus ursi verbis auditis vidisti quomodo res se haberet et sclopetum folliculo caute collineans globum ex fistula emisisti.

'Vae!' exclamavit Pu.

'Procul aberravi?' rogavisti.

'Minime aberrasti,' dixit Pu, 'sed aberrasti a folliculo.'

Ictum iterans 'me paenitet,' dixisti et tunc demum folliculum attigisti; aer lente efflavit et Winnie ille Pu fluctuans per auras delapsus est.

Sed quia bracchia eius totum per tempus funiculum folliculi tenuerant, adeo riguerant, ut hebdomade amplius erecta permanserint, et quotienscumque musca quaedam in rostro eius consederat eam flatu abigere cogebatur. Existimo – sed non habeo pro certo – inde urso nomen Pu inditum esse.

'Est hic finis fabulae?' rogavit Christophorus Robinus.

'Est finis unius. Sunt multae.'

'De Puo et de me?'

'De Porcello et de Lepore et de omnibus vobis. Nonne recordaris?'

'Recordor, sed cum recordari conor, mihi excidit.'

'. . . diem cum Pu ac Porcellus heffalumpum capere conati sunt. . . .'

'Non ceperunt, ceperuntne?'

'Minime vero.'

'Pu nequivit, quia omnis cerebri expers est. Ego autem heffalumpum cepi?'

'Vere, istud pars fabulae est.'

Christophorus Robinus adnuit:

'Egomet reminiscor,' dixit. 'Sed eae res fugiunt Pui memoriam, qua de causa fabulas bis narratas diligit. Tum tamen fabula vera est, non solum opus memoriae.'

'Equidem non secus sentio,' dixi.

Christophorus Robinus suspirium ab imo duxit, ursum pede apprehendit et Pum post se trahens ad ostium iit. Apud ostium se convertens dixit:

'Venisne ut me in balneo videas?'

'Possum,' dixi.

'Num eum ictu laesi?'

'Minime vero.'

Adnuit et exiit et interposito deinde brevi tempore audivi Winnie ille Pum BUMP-BUMP-BUMP gradibus post eum ascendere.

## II

EDUARDUS URSUS, AMICIS suis agnomine 'Winnie ille Pu' – aut breviter 'Pu' – notus, die quodam canticum semihiantibus labellis superbe eliquans silvam perambulabat. Bene mane ante speculum in graciliscenda corpus exercitia incumbens susurrulum quendam excogitaverat. Tra-la-la, tra-la-la, se quam maxime erigens, tra-la-la, tra-la – succurrite – la-la-bracchiis deflexis hallicem tangere conans. Post jentaculum susurrum repetiit reiteravitque donec memoria tenuit et nunc ab initio usque ad finem sine ullo errore cantitabat:

Tra-la-la, tra-la-la
Tra-la-la, tra-la-la
Rum-tum-tiddle-um-tum
Tiddle-iddle, tiddle-iddle
Rum-tum-tum-tiddle-um.

Susurrum istum susurrabat et alacriter per silvam ambulabat scire avens, quid alii agerent, et quid ipse, si alius quis esset, sentiret, cum repente ad locum arenosum pervenit, ubi magnum foramen erat.

'Heus!' dixit Pu (Rum-tum-tiddle-um-tum). 'Si de aliqua re quid sciam, foramen istud leporem significat,' dixit, 'et lepus convictum significat,' dixit, 'convictus autem significat aliquid esculenti, aliquem me-susurrantem-auscultantem, cetera. Rum-tum-tiddle-um.'

Itaque se inclinans caput in foramen introduxit et clamavit:

'Heus, ecquis domi est?'

Fuit intus rumor quidam sternutamenti similis et deinde denuo silentium.

'Dixi equidem et dico: ecquis domi est?' clamavit Pu magna voce.

'Minime,' respondit vox; deinde subiunxit: 'Noli tam magna voce clamare. Jam in primo te clarissime audivi.'

'Malum!' dixit Pu. 'Nemo prorsus adest?'

'Nemo!'

Winnie ille Pu caput foramine extraxit, aliquamdiu cogitabat et secum cogitabat: 'Aliquis adesse debet quia aliquem "nemo" dixisse oportuit.' Caput ergo iterum in foramen inseruit et dixit:

'Heus, Lepus, esne tu?'

'Non sum,' dixit Lepus nunc mutata voce.

'Nonne haec vox Leporem sonat?'

'Non puto,' dixit Lepus. 'Nollem sonaret.'

'O!' dixit Pu.

Caput e foramine extraxit, aliquamdiu meditatus est, deinde caput iterum immisit et dixit:

'Quaeso bona venia, dic mihi: ubi est Lepus?'

'Abiit ad amicum suum Ursum Pum visendum, quia ille ei ex animo amicus est.'

'Sed egomet sum ille!' exclamavit Pu obstupefactus.

'Tune ille ursus?'

'Ursus Pu.'

'Tibi persuasum est?' dixit Lepus magis etiam obstupefactus.

'Credo hercle esse,' dixit Pu.

'Age igitur, veni intro!'

Pu sese pressit, pressit, pressit et tandem per foramen se intulit.

'Jure dixisti,' inquit Lepus eum ab omni parte conspiciens. 'Certe, es. Gratus mihi venis.'

'Quid cogitavisti quis essem?'

'Pro certo non habui. Non ignoras, quomodo res in

silva se habeat. Domus omnibus patere nequit. Circum-
spicere oportet. Quid de buccella quadam opinaris?'

Pu hora matutina undecima buccellam parvulam
semper diligebat et gaudio exsultavit cum Lepus patinas
et cantharos in mensa apponeret. Et cum Lepus interrogaret: 'Mavis mel vel lac condensatum cum pane tuo?'
tanta alacritate affectus est, ut 'Utrumque' diceret, sed
deinde, ne avidus videretur, addidit: 'Sed, amabo te,
mitte panem!' Postea aliquamdiu nihil dixit . . . donec
postremo, voce satis viscosa secum murmurans exsurrexit, ungulam Leporis amabiliter ungula iunxit et dixit,
sibi abeundum esse.

'Tempus abire tibi est?' dixit Lepus urbane.

'Sane,' dixit Pu. 'Paulisper manere possum, si tu . . .
si quid . . .' et manifeste versus cellam penariam prospicere conatus est.

'Profecto,' dixit Lepus, 'ego quoque exiturus eram.'

'Bene, denique exeo. Vale!'

'Vale, si certum habes te nil amplius quaerere.'

'Estne aliquid amplius?' rogavit Pu velociter.

Lepus opercula patinarum sublevavit et dixit: 'Fuit.'

'Mente fingebam,' dixit Pu capite nutans et secum murmuravit: 'Vale! Sed nunc propero.'

Per foramen igitur ire foras tendebat rursus. Sese primoribus ungulis traxit, postremis propulit et aliquanto post nasus iterum in aperto erat . . . postea auriculae . . . postea ungulae primores . . . postea humeri . . . et postea. . . .

'Succurrite!' dixit Pu. 'Potius retrorsus me recipio.'

'Malum!' dixit Pu. 'Mihi procedendum est.'

'Nulla hinc exire potestas,' dixit Pu. 'O, malum et succurrite!'

Ibi tum etiam Lepus ambulatum volebat ire et ostio antico obturato extra posticum procucurrit, ad Pum venit et eum adspexit.

'Eheu! infixus es?' rogavit.

'N – on sum,' dixit Pu neglectim. 'Paululum interquiesco, meditor et mecum susurro.'

'Age, da mihi ungulam!'

Ursus Pu ungulam extendit, et Lepus traxit, et traxit, et traxit. . . .

'Eheu!' clamavit Pu. 'Mihi dolorem infers!'

'Summa haec est,' dixit Lepus: 'Infixus es.'

'Id accidit,' dixit Pu iracundus, 'portas anticas non satis magnas habendo.'

'Id accidit,' dixit Lepus severus, 'immodice manducando. Iamdudum cogitabam,' dixit Lepus, 'modo dicere

nolebam,' dixit Lepus, 'unum nostrum immodice manducare,' dixit Lepus, 'et unus ille, quod sciam, ipse non fui.
Age, age, iam abeo et Christophorum Robinum arcesso.'

Christophorus Robinus in contraria parte silvae habitabat et cum comite Lepore reverteretur et partem
anteriorem Pui conspiceret, 'Stulte urse vetule' dixit et
tanta suavitas erat sermonis eius ut omnia corda in novam
spem sublata essent.

'Mente fingere coepi,' dixit Pu singultim, 'quod fortasse Lepus ostio antico
nunquam posthac uti poterit. Huius facti
me vehementer pigebit.'

'Me quoque,' dixit Lepus.

'Ostio antico nunquam posthac uti?'
dixit Christophorus Robinus. 'Sane ostio
antico uti poterit!'

'Bene!' dixit Lepus.

'Si te, Pu, extrahere nequimus, te
forsitan retrudimus!'

Lepus pensitans barbulam malis
demissam perfricuit et meminit Pum

retrusum intus esse, at quamvis nemo seipso magis delectaretur Pum tecto recipere, res ita se habere, ut essent, qui sursum, essent qui sub terra colerent. . . .

'Me nunquam in lucem emergere censes?' dixit Pu.

'Censeo,' dixit Lepus, 'te longius progressum esse, quam ut sine damno regredi posses.'

Christophorus Robinus adnuit.

'Nihil superest agendum,' dixit, 'nisi exspectare te iterum ad maciem reductum esse.'

'Quamdiu durat macescere?' rogavit Pu timidus.

'Dies fortasse septem, nisi quid me fallit.'

'Sed non possum in septimum diem hic manere!'

'Manere potes, vetule urse stulte! Quod difficilius est, est te extrahere!'

'Praelegemus tibi,' dixit Lepus adhortandi causa, 'et spero propediem non fore, ut ningat,' subjunxit. 'Et quoniam tu, vetule amice, partem non minimam spatii domus meae occupas: objectasne,  si ungulis tuis postremis pro sustentaculis

mantelium utar? Existimo enim eas adesse et vacare, et mihi peropportune eveniet, si mantelia in iis siccare possim.'

'Septem dies!' dixit Pu tristis. 'Et quid, quod ad refectiones attinet?'

'Vereor, ne absint,' dixit Christophorus Robinus. 'Quippe ita ocius macescis. At certe tibi praelegemus.'

Ursus suspirium trahere coepit, sed statim animadvertit se non posse, quia reapse artissime infixus erat. Lacrimas emisit obortas, cum diceret:

'Visne ergo mihi librum sustinentem praelegere, ad ursum inter angusta arte infixum consolandum idoneum?'

Itaque per hebdomadem Christophorus Robinus librum talem apud extremitatem septentrionalem Pui praelegit, et Lepus lintea in extremitate meridiana suspendit . . . et inter eas Pu se ipsum magis magisque graciliscere sensit. Extremo hebdomadis Christophorus Robinus dixit: 'NUNC!'

Ungulas denique primores Pui prehendit, Lepus autem Christophorum, omnes amici et cognati Leporis Leporem et cuncti viribus unitis traxerunt. . . .

Aliquamdiu Pu modo dixit . . . 'Heu. . . .'

'Et heu. . . .'

Ac repente, 'Popp,' dixit, sicut cortex ex lagenula saliens. Et Christophorus Robinus, Lepus et omnes cognati et affines Leporis perculsi humi prostrati sunt . . . et supra omnes iacuit Winnie ille Pu – liberatus!

Itaque amicis gratiarum instar capite adnuens perrexit silvam perambulare, superbe secum susurrans. Christophorus Robinus autem amanter eum contemplans secum murmuravit:

'Vetule, stulte urse!'

[ 22 ]

# III

¶ Quo in capite Pu ac Porcellus venatum
prodeunt et paene vusillum captant

PORCELLUS IN DOMO magnifica media in fago habitabat, fagus media in silva erat et Porcellus media
in domo vivebat. Apud domum tabula quaedam
fracta erat, ita inscripta: 'TRANSITUS VE'. Cum Christophorus Robinus Porcellum rogavit, quid hoc significaret,
iste dixit, id nomen avi esse et per longum tempus in
familia fuisse. Negavit Christophorus Robinus aliquem
'Transitus Ve' vocari posse, sed Porcellus in sententia
perseveravit, quia scilicet avus suus ita vocabatur et erat
'Transitus Vehi' breviter complexus, quod erat 'Transitus
Vehilius' breviter complexus. Avo duo nomina fuerant
ne uno amisso innominatus eveniret – Transitus post
patrem et Vehilius post Transitum.

'Etiam mihi,' dixit neglectim Christophorus Robinus,
'duo sunt nomina.'

'Ecce tibi, quod demonstrandum erat,' dixit Porcellus.

Die quodam hiberno sereno, cum Porcellus nivem
ante domum deverreret, casu suspiciens Winnie ille Pum
adspexit. Pu in orbe termini circumfluentis reciproco
gressu ibat alia mente agitans, et cum Porcellus eum
vocavit, non desiit ambulare.

[ 23 ]

'Heu!' dixit Porcellus. 'Quid tu istic?'

'Venor,' dixit Pu.

'Venaris quid?'

'Aliquid vestigiis sector,' dixit Winnie ille Pu mystice.

'Sectaris quid?' dixit Porcellus appropinquans.

'Interrogo ipse me. Ipse me interrogo: quid?'

'Quid existimas te tibi responsurum esse?'

'Me exspectare oportet, donec animal assecutus ero,' dixit Winnie ille Pu. 'Nunc age, vide!' Digito terram ante se monstravit. 'Quid hic vides?'

'Vestigia,' dixit Porcellus. 'Vestigia ungularum.' Vagitum brevem excitatumque emisit. 'O Pu! Credis ea vusillum significare?'

'Significare possunt,' dixit Pu. 'Modo significant, modo autem minime. De vestigiis semper dubitandum est.'

His paucis verbis vestigia persequi pergebat et Porcellus uno aut duobus punctis temporis interpositis eum propere insecutus est. Winnie ille Pu enim repente constiterat et confuso quodam modo supra vestigia inclinatus erat.

'Quid est rei?' rogavit Porcellus.

'Valde mirificum est,' dixit ursus. 'Nunc animalia duo esse apparent! Istud – quodcumque fuit – alterum – quodcumque fuit assecutum est et ambo nunc una procedunt. Veni mecum Porcelle, quia fieri potest ut animalia hostilia sint!'

Porcellus auriculum lepide adscalpens dixit se usque ad diem Veneris vacare et libentissime se esse comitem, si profecto vusillus esset.

'Vis dicere, si duo vusilli essent,' dixit Pu; et Porcellus dixit, se utique usque diem Veneris otio frui posse. Ideo ambo in viam se dederunt.

Erat illuc nemus parvulum laricum et evidenter vusilli, si vusilli fuerunt, gyros circum nemus duxerant. Itaque nemus orbe circumscribentes Pu et Porcellus eos secuti sunt. Porcellus tempus ducebat Puo quid avus suus TRANSITUS VE fecisset ad rigorem post insectationem levandum, et quomodo avus TRANSITUS VE supremis suis in annis ex angustia respirationis laboravisset atque alia magni momenti argumenta narrans; Pu autem scire cupivit quid 'avus' esset et si forsitan nunc geminos avos sequerentur et si alterutrum domum ferre posset ac sibi habere et quid Christophorus Robinus dicturus esset. Vestigia autem ante eos nunquam intermittebant.

Repente Winnie ille Pu constitit et digito aliquid ante se monstravit:

'Heu, adspice!'

'Quid?' dixit Porcellus subsultans. Deinde, ne se time-factum monstraret, bis aut ter exercitii instar subsultavit.

'Vestigia!' dixit Pu. 'Animal tertium se aliis duobus coniunxit!'

'Pu,' exclamavit Porcellus, 'credis hoc insuper unum vusillum significare?'

'Minime,' dixit Pu, 'quia diversa reliquit vestigia. Sunt aut duo vusilli et unus, ut videtur, visillus, aut duo visilli et unus, ut patet, vusillus. Pergamus sequi!'

Itaque pergebant, subtimentes ne animalia ante se animum hostilem haberent.

Porcellus vehementer cupivit avum suum 'Transitum Vem' non alibi, sed praesentem esse et Pu mente fingebat quomodo exsultaret gaudio, si in Christophorum Robinum repente at fortuito incideret, sed solum quia Christophorum Robinum tantopere diligebat. Postea autem ex improviso Winnie ille Pu iterum constitit et

3 [ 27 ]

nasi primoris acumen refrigerans lambit, quia plus caloris et timoris sensit quam unquam alias. Quattuor animalia ante se erant!

'Videsne Porcelle? Adspice vestigia eorum! Tres, evidenter vusilli et unus, evidenter visillus. Alius etiam vusillus se iisdem conjunxit!'

Sane ita apparebat. Aderant vestigia, modo inter se

occursantia, modo intermixta, sed distincte huc et illuc quattuor paria ungularum concurrentium.

'Puto,' dixit Porcellus, etiam nasi primoris acumen lingens, quod ei parum solacii adferre videbatur, 'puto mihi alicuius negotii in mentem venisse. Mihi alicuius negotii in mentem incidit, cuius heri oblitus eram, et quod cras perfici nequit. Itaque existimo mihi revertendum esse et illud statim perficere.'

'Post meridiem faciemus et ego te comitabor,' dixit Pu.

'Non est negotium pomeridianum,' dixit cito Porcellus. 'Est negotium peculiare antemeridianum quod non nisi

mane perfici potest, inter horas – quota, quaeso, hora
est?'

'Circiter meridiem,' dixit Winnie ille Pu, solem
contemplans.

'Inter, inquam, duodecimam horam ac meridiem et
quinque. Itaque, reapse, Pu vetule et carissime, habe me
excusatum – Quid est?'

Pu oculos in coelum vertit, deinde sibilo iterum audito
oculis sursum intentis ramos magnae quercus scrutatus
est et amicum suum quendam conspexit.

'Est Christophorus Robinus,' dixit.

'Tum vero omne tibi bene evenit,' dixit Porcellus.
'Cum *eo* tutus eris. Vale!' et gaudens periculum effugere,
citato cursu, quam velocissime poterat domum iit.

Christophorus Robinus lente de arbore descendit.

'Ursule stultule vetule,' dixit, 'quid fecisti? Primum
solus bis circuitum totius luculi fecisti, deinde Porcellus
te secutus est et coniunctim circuitum fecistis, deinde
autem quarta vice. . . .'

'Mane paulisper,' dixit, ungulam elevans Winnie ille
Pu.

Consedit et quam cogitabundissime potuit, meditatus
est. Deinde solea vestigium ingressus est . . . deinde naso
bis perfricato sese erexit.

'Ita est,' dixit Winnie ille Pu.

'Nunc demum intellego,' dixit Winnie ille Pu. 'Stultus et delusus fui,' dixit, 'et ursus sine ullo cerebro sum.'

'Optimus ursus mundi es,' dixit consolabunde Christophorus Robinus.

'Serion' dicis tu?' dixit Pu in spem sublatus et iam vultu renidens. 'Utcumque tamen,' dixit, 'hora fere prandii est.'

Itaque pransuri domum ierunt.

# IV

¶ Quo in capite Ior caudam amittit et
Pu caudam quendam invenit

IOR, AURITULUS CINEREUS ille annosus, solus in
silvae angulo quodam carduoso stabat, pedibus late
divaricatis, capite deflexo de rerum natura meditans.

Modo tristis secum 'Cur?' cogitabat, modo 'quemadmodum?' et modo 'Haudquaquam huiusmodi,' modo autem
quid pensitaret, omnino ignorabat. Itaque Puo appropinquante Ior paulisper a meditatione desistere gavisus est
ut maeste 'Ut vales?' ei diceret.

'Et quomodo res tua agitur?' dixit Winnie ille Pu.

Ior capite abnuit.

'Non valde quomodo,' dixit. 'Longo iam ex tempore evidenter non agitur quomodo.'

'Malum, malum,' dixit Pu. 'Sane dolendum est. Sine me te adspicere.'

Ior igitur sortem miseratus iniquam oculos solo fixos tenens eo loco stabat et Winnie ille Pu eum semel circumiit.

'Dic: quid caudae tuae accidit?'

'Quid ergo accidit?'

'Abest!'

'Tibi persuasum est?'

'Cauda aut adest, aut abest. Tertium nihil est. Et cauda tua abest.'

'Quid ergo est?'

'Nihil.'

'Sine videam,' dixit Ior, lente se ad locum convertens, ubi antea cauda fuerat, deinde, eam invenire nequiens in contrarium se vertit usque ad pristinam positionem, postea capite demisso intra crura primoria spectavit et

postremo suspirium alto pectore et triste ducens: 'Probe dixisti,' inquit, 'abest!'

'Scilicet,' dixit Pu.

'Hoc mihi ad multa quadrat,' dixit Ior maestus. 'Id omnia explicat. Haud mirum.'

'Alicubi caudam reliquisse debes.'

'Aliquem caudam sustulisse oportet,' dixit Ior. 'Sic agit vulgus,' subjunxit, longum post silentium.

Pu sensit sibi aliquid auxiliare dicendum esse, sed ignorabat quid. Decrevit igitur, dicendi vice opiferum quid facere.

'Ior mi,' dixit sollemniter, 'egomet, Winnie ille Pu, caudam tuam reperiam.'

'Gratias tibi ago Pu,' respondit Ior. 'Fidelis amicus es,' dixit. 'Nonnullis dissimilis,' dixit.

Itaque Winnie ille Pu caudam Ioris quaesitum abiit.

Erat dies vernus iucundus in silva, cum exiret. Nube-culae tenerae feliciter in coelo caeruleo ludebant, modo sese sub solem insinuantes, quasi si eum extinguere vellent, modo repente delabentes, ut aliarum partes venirent. Trans eas et inter eas sol lucidum fulgebat. Vetus pinetum prope ornamentum viride et novum sicut acu pictum quod fagi tam lepide induerant miserum et vetustum apparebat. Per lucum et silvam ursus iter fecit. Descendit clivos erica et vepribus indutos, transivit alveos saxosos rivulorum, scandit ripas arduas et glareosas, et ad extremum fessus et fame confectus ad silvam Centum Jugerum pervenit. In silva autem Centum Jugerum Bubo habitabat.

'Si quis quid de qua re scit,' ursus secum meditatus est, 'Bubo est, qui aliquid de aliqua re non ignorat,' dixit. 'Nisi forte Winnie ille Pu non vocer. Sed vocor,' dixit. 'Denique!'

Bubo 'ad castaneas' venusta et vetusta quadam domo habitabat, quae domibus aliorum maior erat, aut saltem urso ita apparebat, quia et pulsatorem ostii et funiculum tintinnabuli habebat. Infra pulsatorem libellus erat cum hac inscriptione fixus: CUESO SONA AES SI RSPONSM VIS.

Infra funiculum tintinnabuli libellus autem erat cum hac inscriptione fixus: CUESO PULSA SI RSPONSM NON VIS.

Has inscriptiones Christophorus Robinus, qui solus in silva orthographus erat, manu scripserat. Nam Buboni, quamvis multis sub aspectibus sapiens esset, aptus ad nomen suum legendum et emendate BBO litteras faciendum, minus prospere succedebat verba implicata sicut 'MORBILLI' et 'PANISTOSTATUS CUM BUTYRO' scribere.

Winnie ille Pu ambas inscriptiones diligenter et accurate primum a dextra ad sinistram et postea, ne quid eum fugeret, a sinistra ad dextram perlegit. Deinde, ut omnia pro certo haberet, pulsavit et traxit pulsatorem, traxit et pulsavit funiculum tintinnabuli et magna voce: 'Bubo! Responsum quaero!' dixit. 'Ursus fatur!' Ostium apertum est et Bubo foras prospexit.

'Salve Pu,' dixit. 'Quomodo omnia?'

'Terribilia sunt et tristia,' dixit Pu, 'quia Ior, qui amicus meus est, caudam amisit. Flebiliter lamentatur. Amabo te, dic: Quid mi igitur suades? Quomodo possum caudam eius invenire?'

'Bene,' dixit Bubo, 'formula consueta rei exsequendae est, quae sequitur.'

'Quid est: rei esse quendae?' dixit Pu. 'Quia ursus pusilli ingenii sum verba difficilia fastidio.'

'Id est, quod fieri debet.'

'Si id est, nec hercle magnopere curo,' dixit Pu humillime.

'Res exsequenda id est: *pr*aemium *pr*omittimus.'

'Paulisper subsiste,' dixit Pu ungulam sublevans. 'Quid faciamus? Quid dixisti? Loquendo enim sternuisti.'

'Minime sternui.'

'Bubo, sternuisti!'

'Habe me, Pu, excusatum, minime sternui. Nequimus insciis nobis sternuere.'

[ 35 ]

'Optime audivi: prr – prr!'

'Dixi: praemium promittimus.'

'Iterum sternuisti!'

'Praemium!' dixit magna voce Bubo. 'Denuntiationem scribimus ad indicandum nos magnum quid illi, qui caudam Ioris inveniat, daturos esse.'

'Teneo, teneo,' dixit Pu adnuens. 'Cum ageretur de aliqua re,' adiunxit meditabundus, 'ista diei hora aliquid manducare soleo – ea matutina hora,' et avide cellularium in angulo cubiculi Bubonis contemplabatur . . . 'aliquantulum lactis condensati, aut quantulumcumque alicuius rei, vel forsitan lambitum mellis. . . .'

'Recte, bene,' dixit Bubo, 'scribamus denuntiationem et tota in silva distribuemus.'

'Lambitum mellis,' murmuravit secum ursus, 'aut – aut nihil, pro temporibus.'

Suspirium ab imo duxit et strenue conatus est verba Bubonis auscultare.

Sed Bubo longis longioribusque verbis utens latius se fudit, donec quod initio dixerat renovans explicavit,

neminem nisi Christophorum Robinum ad denuntiationem scribendam idoneum esse.

'Ipse libellos in ostio meo antico scripsit. Vidistine
eos, Pu?'

Bubone iam per aliquid temporis loquente Pu oculis
clausis vicissim aiebat et negabat et ad postremum 'sic,
sic' dicto nunc 'minime vero' dixit, qua de re Bubo
locutus esset omnino nesciens.

'Eos non vidisti?' dixit Bubo, admiratus. 'Veni et
tandem adspice!'

Itaque foras ierunt. Pu pulsatorem et infra inscriptionem, funiculum tintinnabuli et infra inscriptionem
contemplatus est, et quo magis funiculum tintinnabuli
oculo scrutatus est, eo magis sensit se rem similem iam
pridem, quondam, alicubi vidisse.

'Funiculus pulcher est, annon?' dixit Bubo. Pu capite
nutavit.

'Hoc mihi memoriam alicuius rei renovat sed cuius
nescio,' dixit. 'Ubi reperisti funiculum?'

'Caeco casu in silva inveni. Ex arbusto quodam pende-
bat et in principio credidi aliquem ibi habitare, itaque
traxi, sed nihil evenit, deinde iterum magna vi tintinna-
bulum pulsare conatus sum, ad postremum autem mihi
in manu mansit, et quia evidenter nemini utilis erat,
domum tuli.'

'Bubo,' dixit Pu sollemniter, 'erravisti. Funiculus bene-
ficium dabat alicui. Alicui necessarius erat.'

'Cui?'

'Iori. Amico meo carissimo Iori. Tenuit eum.'

'Tenuit?'

'Ei vinculis adstrictus erat,' dixit Winnie ille Pu maestus.

His dictis funiculum ab uncino refigens eum Iori retulit; et cum Christophorus Robinus caudam suo loco confixisset, Ior tam laetus in silva caudam receptam agitans circumsiliebat, ut Winnie ille Pu sensu insolito et mirabili affectus domum festinare deberet, ut aliquid ad sese sustinendum sumeret. Et postquam semihora amplius laete manducaverat, os abstergens superbe ita secum cantitavit:

Dic: quis invenit caudam?
Ut illum plaudam!
'Illi,' dicis tu?
Esto! Sed fuit Pu.

# V

DIE QUODAM, CUM Christophorus Robinus, Winnie ille Pu et Porcellus confabulabantur, Christophorus Robinus buccellam, quam manducabat
deglutivit et neglegenter dixit: 'Hodie heffalumpum vidi,
o Porcelle.'

'Quid agebat?' rogavit Porcellus.

'Heffalumpabat,' dixit Christophorus Robinus. 'Eum
me vidisse non puto.'

'Olim etiam ego unum vidi,' dixit Porcellus. 'Saltem
credo unum vidisse,' dixit. 'Fortasse autem heffalumpus
non erat.'

'Ego quoque,' dixit Pu, qua facie heffalumpus esset
scire cupiens.

'Rari inventu sunt,' Christophorus Robinus obiter
dixit.

'Rari ad praesens tempus,' dixit Porcellus.

'Rari hoc tempore anni,' dixit Pu.

Deinde omnes alio de argumento inter se collocuti
sunt quoad Pu et Porcellus coniuncte domum ire debe-
bant. Primum, tramitem silvam Centum Jugerum circum-
dantem carpentes haud multum confabulabantur. Sed

postquam ad rivulum pervenerunt, illum mutuis officiis de alio saxo in alium saltantes transgressi sunt et iterum una per ericam ire poterant, amanter ab hoc et ab hac consermonari coeperunt et Porcellus dixit: 'Neque tu is es, qui nescias, nonne Pu?' et Pu dixit: 'Mihi crede nihil sentio nisi de sententia tua, o Porcelle' et Porcellus dixit: 'Sed contra nos recordari oportet' et Pu dixit: 'Recte me

admones Porcelle etiamsi id per punctum temporis oblitus essem.' Deinde autem, cum ad SEX PINOS pervenissent Pu collum, ne quisquam auscultaret, retorquens valde sollemniter dixit:

'Porcelle mi, decrevi aliquid.'

'Quid, o Pu, decrevisti?'

'Decrevi heffalumpum captare.'

Sub haec dicta Pu saepius nutabat et exspectabat Porcellum rogaturum esse: 'Quomodo?' aut dicturum: 'Pu, non potes!' aut sententiam utilem huiusmodi; sed

Porcellus nihil omnino dixit. Porcellus enim desiderabat se primum propositum excogitavisse.

'Pro certo, faciam,' dixit Pu, paulisper commoratus, 'insidiis. Insidias astutas debeo tendere et auxilium tuum quoque necesse est, o Porcelle.'

'Pu,' dixit Porcellus hoc sermone recreatus, 'tibi adjutor accedo ac lubens.' Deinde subjunxit: 'Quo tandem modo?' et Pu dixit: 'Id est, quod quaeritur: quomodo?' Deinde ambo ad deliberandum consederunt.

Prima sententia Pui erat foveam profundissimam fodere, quam in foveam heffalumpus transeundo delapsurus esset. . . .

'Qua de causa?' dixit Porcellus.

'Qua de causa quid?' dixit Pu.

'Qua de causa delaberetur?'

Pu nasum ungula perfricans dixit, heffalumpum forsitan cantiunculam cantitantem ibi ambulaturum esse, coelum num quid pluvias nuntiaret scrutantem, et ea de causa eum foveam non conspecturum, usque ad mediam viam deorsum, cum iam sero esset.

Porcellus dixit, insidias astutas esse, quid vero fieret aqua iam cadente?

Pu nasum iterum fricuit et dixit se de eo nunquam secum reputavisse. Deinceps relaxato in hilaritatem vultu dixit, heffalumpum imbris iam in effusione oculos scrutantes in coelum sublaturum esse, num disserenasceret scire cupientem, quapropter foveam non conspecturum, usque ad mediam viam deorsum, cum iam sero esset.

Porcellus dixit se nunc, sublata dubitatione, insidias astutas existimare.

Quibus verbis elatus Pu heffalumpum iam quasi captum esse censebat, sed unica disceptatio relicta erat, videlicet: ubi Foveam Profundissimam fodere deberent?

Porcellus dixit, optimum locum esse ubi heffalumpus fuisset, antequam in foveam cecidisset unius autem pedis spatio interposito.

'Hoc vero loco nos fodere videbit,' dixit Pu.

'Minime, si oculos ad coelum tollit.'

'Suspicionem haberet,' dixit Pu, 'si forsitan oculos demitteret.' Aliquamdiu cogitabat et deinde maeste notavit: 'Opinione asperius est. Credo inde fieri, ut heffalumpi nunquam fere capiantur.'

'Scilicet res ita se habet,' dixit Porcellus.

Suspiria duxerunt et consurrexerunt; deinde spinis nonnullis vepris e natibus evulsis ad mutua dicta reddenda consederunt. Per hoc omne tempus Pu secum identidem dictitabat: 'Utinam modo mihi alicuius rei in mentem veniat!' Sibi persuasum habebat, CEREBRUM SAGACEM heffalumpum captare posse, dummodo modum rectum agendi cognovisset.

'Eum te finge,' dixit Porcello, 'qui me capere vellet; quid tum facias?'

'Sane,' dixit Porcellus, 'egomet hoc modo agam: foveam fodam, vas mellarium in fovea collocem – tu olfacias, odorem secuturus intro. . . .'

'Intrabo . . .' Pu trepidans dixit, 'sed caute, ne me laedam, vas mellis attingam, primum labrum vasis lambam mente fingens vas hoc tantum continere, scisne? Deinde recedam et mecum cogitem et revertens medio in vase mel lambere incipiam, postea autem. . . .'

'Ita est, illud nihil tua refert. Ibi esses et ego te caperem. Imprimis nobis quaerendum est: quid appetitur a heffalumpis? Puto glandes, nonne? Copiam glandium pro . . . agedum expergiscere, inquam, Pu!'

Pu, qui somnio beato fruebatur nunc illico experrectus est et dixit mel multo illecebrosius esse glandulis. Porcellus dissentiebat; iam disputaturi erant, cum in mentem revocavit, quod si glandes collocarent ipse

glandes praebere deberet cum si mel collocarent Pu mellis eius aliquantum dare deberet, et ea de causa dixit: 'Esto, sit mel,' neque alio tempore Pu etiam recordatus est et dicturus erat: 'Esto, sint glandes!'

'Mel,' dixit secum Porcellus cogitabundus quasi iam omnia decreta fuissent, 'egomet foveam fodiam, interea dum *tute* mel petis.'

'Scilicet,' dixit Pu et abiit.

Reversus domum ad cellularium iit, sellam conscendit

et amplum vas mellis summo de tabulato sumpsit. 'MEL' erat in vase inscriptum, sed ut se ab insidiis muniret pergamenam detraxit ac inspexit et mel esse videbatur. 'Semper autem dubitandum est,' dixit Pu. 'Avunculum meum audivi memorantem se olim caseum concolorem vidisse.'

Itaque linguam introduxit et primoribus labris sorbebat haud exiguum. 'Vere,' dixit, 'est. Est procul dubio mel. Mel merum, dico, usque ad imum vasis fundum. Scilicet, nisi quis ludibrio caseum in fundo collocaverit. Fortasse praestaret procedere . . . si forte . . . si forte heffalumpi caseum non diligant . . . aeque ac ego ipse . . . heus!' et suspirium ab imo pectore duxit, 'recte credidi. Est mel, usque ad fundum.'

Qua de re certior factus vas ad Porcellum retulit, Porcellus autem ex imo foveae profundissimae sursum conversis oculis: 'Habesne?' dixit, et Pu dixit: 'Habeo, sed non est vas omnino plenum,' et his verbis vas ad Porcellum projecit, et Porcellus dixit: 'Haudquaquam! Tantumne est?' et Pu 'Sane' inquit. Ita enim res se habebat. Porcellus igitur vas in solo foveae collocavit, in marginem scandit et ambo conjuncte domum ierunt.

'Valeas,' dixit Porcellus, cum tarde ad domum Pui venerunt. 'Et cras mane hora diei sexta apud pinos convenerimus et viderimus quot heffalumporum in fovea forent.'

'Hora diei sexta, Porcelle. Habesne funiculum quidem?'

'Non habeo. Quorsum funiculo tibi opus est?'

'Ad heffalumpos domum conducendos.'

'Heus! . . . opinor eos sibilo advocari posse!'

'Alii possunt, alii nequeunt. De heffalumpis semper dubitandum est. Cura ut bene valeas!'

'Vale.'

Porcellus domum, 'Transitum Ve' inscriptam properavit dum Pu lectum sternit.

Nonnullas horas post, ultimis noctis tenebris Pu sensu vacui affectus experrectus est. Iam antea aliquoties isto sensu praeditus fuerat et quod significaret, sciebat: 'FAMES' erat. Itaque ad cellularium iit, sellam conscendit, dextram summum ad tabulatum tetendit et invenit – nihil!

'Mirum,' cogitavit, 'certo scio me hic vas mellis habuisse. Vas plenum, plenum mellis a summo, in vase hoc titulo inscripto: "MEL", ne forte essem nescius vas mel continere. Sane mirum videtur!' Deinde ultro citroque commeare coepit, ubi vas esset scire avens et hanc commurmurationem secum murmurans:

> Maxima calamitas!
> Abest pretiosum vas
> Vacat tabulatum,
> O iniquum fatum!
>
> Sine lacte, sine cibo
> Non comedo neque bibo
> Infectis rebus abeo
> Non lambo quod non habeo.

Ter istud secum cantitans murmuravit cum repente recordatus est. Ipse ad heffalumpum captandum vas in Fovea Insidiosa collocaverat!

'Malum!' dixit Pu. 'Ecce effectus erga heffalumpos benevolentiae.' Et iterum cubitum iit.

Sed nihil ei cessatum duxit somnum. Quo magis dormire tentabat, eo minus poterat. Conatus est ovium gregis numerum recensere, quod nonnunquam optimum remedium insomniae est, et quia id haud bene evenit conatus est heffalumpos numerare. Id vero peius erat. Quotienscumque enim heffalumpum censuerat, iste recta via vas mellis Pui agressus est et FUNDITUS EXHAUSIT. Aliquamdiu in maerore ibi versabatur, sed cum quingentesimus octogesimus septimus heffalumpus labra detergens secum dixit: 'Istud est mel saporis praecipui, nego mihi unquam dulcius fuisse,' Pu sese diutius frenos imponere nequivit. Corripuit corpus e stratis, extra domum cucurrit et recta ad sex pinos properavit.

Phoebus adhuc dormitabat, supra silvam autem Centum Jugerum quasi lumen aliquod in coelo indicabat eum mox expergefactum opertorium lecti abjecturum esse. Luce incerta pini solitariae et frigidae videbantur, fovea profunda profundior quam erat adparebat, vas autem mellarium Pui imo in fundo mysticum aliquid erat, mera forma neque aliud. Sed eo appropinquante nares dixerunt id reapse mel esse, ac lingua parata emersit et labra perpolire coepit.

'Malum,' dixit nasum in caccabum figens Pu, 'heffalumpus quidem omnia siccavit.' Deinde autem aliquamdiu meditatus dixit: 'Nullo modo; ipse fui. Oblitus sum.'

Sane, maximam partem manducaverat. Sed aliquantulum imo in fundo vasis relictum erat itaque illico rostrum inseruit et lambere coepit. . . .

Sub idem tempus Porcellus experrectus erat. Simul, secum dixit: 'Heu.' Deinde fortiter: 'Sic!' postea etiam fortius: 'Ita est,' inquit. Sese autem manu fortem esse, non sentiebat, quia verbum reapse in mente suo subsultans erat: 'Heffalumpus.'

'Qualis esset adspectus heffalumpi?'

'An ferox esset?'

'Sibilo advocaretur? Et quomodo veniret?'

'Amaret porcos, necne?'

'Licet porcos amaret, discerneretne genera?'

'Si forte casu contra porcos ferox esset, discerneretne porcos avum 'TRANSITUM VE' vocatum habentes?'

Nullum harum interrogationum responsum novit . . . et primum suum heffalumpum in hora tandem adspecturus erat!

Licet Pu cum eo iturus esset et omnia iucundiora viderentur comite aliquo – sed putemus heffalumpos contra porcellos *et* ursos feroces esse! 'Fortasse praestiterit dolorem sani capitis mentiri et praetendere se ad sex pinos ire non posse?' 'Sed si dies pulcherrimus esset et nullus heffalumpus in fovea ipse iners in lectulo se continens totum tempus antemeridianum perderet.' 'Quid faceret?'

Deinde autem rationem prudentem excogitavit. Decrevit secretissime ad sex pinos adrepere, cautissime fundum foveae inspicere an heffalumpus intus esset, speculatum. Si esset, cubitum rediret, sin aliter autem, minime.

Itaque in viam se dedit. Primum cogitabat nullum heffalumpum in fovea fore, deinde autem, unum esse, appropinquans tandem certior factus est unum intus esse, quia audiebat aliquem heffalumpare ut nil supra.

'Eheu, eheu, eheu!' Porcellus secum murmuravit. Aufugere voluit. Sed certe, iam tam propinquus, putavit se formam heffalumpi oculis intueri oportere. Ad marginem igitur foveae repsit et introspexit. . . .

Eo omni tempore Pu caput vase mellario expedire tentaverat. Quo vehementius vas succussit, eo artius adhaerebat. 'Malum,' dixit in vase, et 'Succurrite' et saepissime: 'Vae.' Tentabat vas contra aliquid tundere, sed contra quid videre nequiens id nihil profecit; tentabat in marginem scandere, sed nil nisi vas et vasis dumtaxat pauxillum videns viam invenire nequivit. Itaque postremo caput, vas et omnia sustulit, rumorem magnum et lugubrem tristitiae et desperationis emisit . . . ibi vero Porcellus deorsum spectavit.

'Succurrite, succurrite!' Porcellus clamavit. 'Heffalumpus, horribilis heffalumpus!' et quam ocissime aufugit, clamitans: 'Succurrite, succurrite, horribilis heffalumpus!

[ 48 ]

Hoff, hoff, hellibilis horralumpus! Holl, holl, hoffabilis hellerumpus!' Et clamitare ac currere non desivit usque ad domum Christophori Robini.

'Quid ergo est, Porcelle?' dixit Christophorus Robinus lectulo exsurgens.

'Heff,' dixit Porcellus anhelitum ducens ut vix loqui posset, 'heff – heff – heffalumpus!'

'Ubi?'

'Illic,' exclamavit ungulam agitans Porcellus.

'Qualem praebet speciem?'

'Sicut – sicut – habet maximum caput quod unquam vidisti. Aliquid magnum et immane – sicut – sicut nihil. Permagnum – sane, putares – nescio – permagnum nihil. Sicut caccabus.'

'Optime,' dixit Christophorus Robinus calceos induens, 'ivero et videbo. Veni mecum.'

Cum Christophoro comite Porcellus nihil timebat igitur viam capessiverunt. . . .

'Iam audio aliquid . . . nonne audis?' dixit Porcellus timidus, cum propinqui fuerunt.

'Audio *aliquid*,' dixit Christophorus Robinus.

Erat Pu, caput adversae radici, quam invenerat, impingens.

'Ecce,' dixit Porcellus, 'nonne, *terribile* est?' – et dextrae Christophori se arte implicuit.

Repente Christophorus Robinus latissimum cachinnum extollit . . . et risit . . . et risit . . .

et risit. Et dum ridet – bumm – caput heffalumpi contra radicem arboris tundit. E vase effracto Pu iterum caput extraxit. . . .

Tunc demum Porcellus intellexit se porcellum stultulum fuisse et adeo eum pudebat stultitiae suae ut recta via domum curreret et ex capite laborans cubitum iret. Christophorus Robinus autem et Pu ad jentaculum sumendum domum ierunt.

'O urse,' dixit Christophorus Robinus, 'quam ex animo te diligo!'

'Egomet quoque te,' dixit Pu.

# VI

¶ Quo in capite Ior Natalem agit
Diem et duo dona accipit

IOR, AURITULUS ILLE annosus et cinereus apud
ripam rivuli stabat et sese in aqua intuebatur.
'Patheticum!' dixit. 'Mehercle, ita est. Patheticum.'
Se convertens lente viginti ulnas secundum flumen
descendit, vado transiit, et in ulteriore ripa lente rediit.
Deinde se iterum in aqua adspexit.

'Non secus ac fore suspicatus eram,' dixit. 'Hoc latere
ne minime quidem melius. Sed nemo curat. Nemini
curae est. Patheticum, ita est.'

Tum strepitus in filicibus post eum factus est et exiit
Pu.

'Ominor tibi bonas horas matutinas,' dixit Pu.

'Salve, Urse Pu,' dixit maestus Ior. 'Si mane bonum
est,' dixit. 'Quod in dubium voco,' dixit.

'Cur? Quid tibi accidit?'

'Nihil, Pu urse, nihil. Non omnes possumus et nonnulli nostrum nequeunt. Res non aliter se habet.'

'Quid nequeunt nonnulli?' dixit nasum perfricans Pu.

'Hilaritas, chorea, carmina, circa morum saltamus!'

'O,' dixit Pu. Per multum tempus meditatus est deinde
rogavit: 'Qualis morus est ea?'

'Bonhommy,' perrexit Ior maestus. 'Vox gallica, quae "bonhommy" significat. Nolo queri, sed ecce.'

Pu magno quodam saxo consedit et conatus est, id responsum quo valeret, intellegere. Ei quasi aenigma apparebat et ipse nunquam aenigmator praeclarus fuerat, quia ursus pauxilli cerebri erat. Itaque loco solutionis 'crustulum cru' cantavit:

      Crustulum, crustulum, crustulum cru
      Cano aenigmata, canis ac tu?
      Crustulum, crustulum, crustulum crum
      Cerebrum meum est fatiga-tum.

Fuit prima stropha. Ea stropha confecta Ior non dixit eam non dilexisse, itaque Pu ei amabiliter secundam stropham cantavit:

      Crustulum, crustulum, crustulum cru
      Volitant aves, dic volitas tu?
      Crustulum, crustulum, crustulum crum
      Cerebrum meum est fatiga-tum.

Nec tunc quidem Ior aliquid dixit, itaque Pu tertiam stropham tranquille secum murmuravit:

Crustulum, crustulum, crustulum cru
Sibilo bene, dic sibilas tu?
Crustulum, crustulum, crustulum crum
Cerebrum meum est fatiga-tum.

'Optime,' dixit Ior, 'Canta! Umti-tiddl, umty tu. Hic collegimus Nuces et Maium. Delectamini!'

'Delector,' dixit Pu.

'Nonnulli possunt,' dixit Ior.

'Accidit aliquid?'

'Aliquid accidit?'

'Tristis appares, Ior.'

'Tristis? Quid est cur sim tristis? Est dies meus natalis. Faustissimus anni dies.'

'Dies tuus natalis?' dixit Pu mirabundus.

'Videlicet est. Nonne vides? Ecce munera, quae accepi.' Ungulam hinc et illinc agitavit. 'Vide libum natalicium! Candelas et saccharum roseum!'

Pu primum ad dextram, deinde ad sinistram spectavit.

'Dona?' dixit Pu. 'Libum natalicium?' dixit Pu. 'Ubi?'

'Ea videre nequis?'

'Nequeo,' dixit Pu.

'Etiam ego nequeo,' dixit Ior. 'Jocus,' explicavit. 'Ha – ha!'

Pu omnibus his rebus commotus caput perfricuit.

'Reapse dies natalis tuus est?' rogavit.

'Profecto.'

'O – utinam dies iste saepe et laete revertatur, Ior!'

'Tibi etiam reditus frequentes et felices ominor, Pu.'

'Sed non est dies natalis meus.'

'Minime. Meus est.'

'Sed dixisti: reditus frequentes et felices. . . .'

'Dixi: quidni? Non semper die natali miser esse debes.'

'Teneo,' dixit Pu.

'Satis superque malum est,' dixit Ior paene collabens, 'ut egomet omnibus modis miser sim sine muneribus, sine crustulis et candelis, quia nemo respectum mei qui debetur habet, sed si etiam omnes ceteri miseri. . . .'

Hoc Pu ferre non potuit. 'Mane dum,' dixit Iori se convertens et quam ocissime domum properavit. Conscius sibi erat, se misero Iori illico donum quodlibet ferre oportere, et de apto dono posterius cogitare posse.

Ante fores Porcellum invenit, qui ad pulsatorem manu prehendendum subsultabat.

'Salve Porcelle,' dixit.

'Salve Pu,' dixit Porcellus.

'Quid tibi mentis est?'

'Pulsatorem manu prehendere volebam,' dixit Porcellus. 'Praeteribam. . . .'

'Sine me id pro te facere,' dixit Pu urbane. Itaque pulsatorem apprehendit et ostium pulsavit. 'Modo Iorem vidi,' coepit, 'et Ior ille acerbus in sorte iniqua est, quia ex hac luce ordinat annos neque quisquam hoc animadvertit et valde tristis est – probe nosti Iorem –

illic stabat et . . . quicumque hic habitat, quousque tardat ostium aperire!' Et iterum pulsavit.

'Sed Pu,' dixit Porcellus, 'haeccine domus tua est!'

'O,' dixit Pu, 'sane, ita est,' dixit. 'Age, eamus igitur intro!' Introierunt. Pu nihil potius fecit, quam ut ad armarium iret ad se certiorem faciendum an vasculum mellis reliquum esset. Vasculum aderat, itaque prehendit.

'Hoc Iori dono,' explicavit, 'ad natalitium diem colendum. Tu quid das?'

'Nonne conjunctim id dare possumus?' dixit Porcellus. 'Uterque nostrum?'

'Minime,' dixit Pu. 'Hoc non est bonum consilium.'

'Esto, ei folliculum dabo. Mihi unus ex convivio superest. Abeo et statim afferam. Visne?'

'Ecce, Porcelle, optimum quidem consilium. Id est quod ad Iorem laetificandum oportet. Folliculos habentes nunquam lugent.'

Itaque Porcellus viam capessivit. In contrarium autem abiit Pu cum vase mellis.

Dies aestuosos erat iter autem longum. Nondum plus quam dimidium itineris confecerat, cum sensu mirabili affectus est. Sensus ab apice nasi ortus eum omnino pervasit et per plantas pedum exiit. Erat quasi si quis in sinu diceret: 'Age Pu, buccellae hora est!'

'Eheu, eheu,' dixit Pu, 'latuit me tam sero esse.'

Consedit igitur et operculum vasculi mellis sublevavit.

'Opportunissime accidit quod hoc mecum tuli,' cogitavit. 'Sunt ursi qui die calido sicut hodierno exeuntes nunquam cogitaverint aliquantulum alicuius rei secum portare.' Et manducare coepit.

'Videamus igitur!' cogitabat imis fundis vasculi lambitis. 'Quonam eram iturus?' Lente exsurrexit.

Et tunc illico in mentem ei venit: 'Natalicium Ioris manducaverat!'

'Malum!' exclamavit Pu. 'Quid faciam? *Oportet* me ei *aliquid* ferre!' Paulisper consilium capere nequivit. Deinde cogitavit: 'Est vas lepidum etsi melle carens et si lavavero et si quis "felicem natalem" inscripserit Ior in eo res conservare poterit, quod ei commode eveniet.' Et quia silvam Centum Jugerum perambulare contigit, iter capessivit ad Bubonem, ibi habitantem, visitandum.

'Salve Bubo,' dixit. 'Salve Pu,' dixit Bubo.

'Utinam natalis dies Ioris saepe et feliciter revertatur!' dixit Pu.

'Pro certon'? Ior diem natalem agit?'

'Quid ei dono dabis, Bubo?'

'Quid ei dono das, Pu?'

'Do ei vasculum utile ad res conservandas idoneum et te rogare volebam. . . .'

'Estne hoc?' dixit Bubo, vas e manibus Pui apprehendens.

'Hoc, et te rogare volebam. . . .'

'Aliquis mel in eo tenebat,' dixit Bubo.

'Quidlibet in vase conservari potest,' dixit Pu graviter. 'Utilissimum est. Te rogare volebam. . . .'

'Oportet vasi "faustum natalem" inscribere.'

'Id est quod rogaturus eram,' dixit Pu. 'Orthographia mea vacillat. Est bona orthographia sed vacillat et litterae in loca falsa cadunt. Scribasne "faustum natalem" pro me?'

'Est lepidum,' dixit Bubo, vas ab omni parte inspiciens. 'Conjunctene malles mecum vas dare? A nobis ambobus?'

'Plane nego,' dixit Pu. 'Id consilium pessimum est. Nunc primum vas bene eluam, postea autem scribere poteris.'

Itaque vas eluebat et siccabat, dum Bubo acumen graphidis lambit, scire cupiens, quomodo 'natalis' scriberetur.

'Scisne litteras Pu?' rogavit aliquantum timidus. 'Hic ante fores habeo libellos ad pulsationem et tractionem funiculi pertinentes, quos Christophorus Robinus scripsit. Potesne eos legere?'

'Christophorus Robinus, quod significassent, dixerat, ideo potui.'

'Bene, ego quid ista significet dico, iam poteris.'

Ita Bubo scripsit . . . et ecce inscriptio:

'FLICM FELCM NTAALM TATALM NATATALM.'

Pu mirabundus spectabat.

'Dico: felicem natalem,' dixit Bubo obiter.

'Est natalis mehercle longus,' dixit Pu, vehementer commotus.

'Revera, videlicet, quod dixi est: "felicem natalem ominatur Pu, summo cum amore." Sententiam tam longam scribere profecto multae graphidis est.'

'Teneo,' dixit Pu.

Dum haec omnia geruntur, Porcellus folliculum Ioris petitum domum suam reverterat. Folliculum toto pectore adstringens, ne vento abduceretur, quanta maxima celeritate potuit, ut ante Pum adveniret, currebat. Volebat enim primus donum ferre veluti si ipse nullo sibi dicente, tamen de natalicio cogitavisset. Currens et Ioris gaudium mente fingens quonam iret non observabat . . . repente autem pedem cuniculo leporis imposuit et procidit. . . .

BANG!!!???!!!

Porcellus humi procubuit, quid accidisset scire avens. Primum totum mundum diruptum fuisse censuit, deinde silvam dumtaxat, deinde nil nisi sese. Deinde censuit se in lunam abductum fuisse, aut alibi, et se Christophorum Robinum, Pum et Iorem postea visurum desperavit. Deinde autem cogitavit: 'Nec in luna quidem semper humi procumbentem permanere oportet,' caute igitur exsurrexit et oculos circumtulit.

Etiam tunc in silva erat.

'Mirum dictu!' cogitavit. 'Scire velim, quid strepitus fuerit! Cadendo talem fragorem edere nequivi. Et ibu est folliculus? Et quid iste parvus pannus humidus sibi vult?'

Folliculus erat!

'Eheu,' dixit Porcellus, 'o heu, eheu, eheu, o heu! Sed nunc sero est. Reverti non possum, alterum folliculum non habeo et fortasse Ior folliculos non diligit admodum.'

Itaque, nunc tristior, perrexit et cum ad ripam, ubi Ior erat pervenisset, eum vocavit.

'Ominor tibi bonas horas matutinas, Ior,' clamavit Porcellus.

'Ego vero tibi, Porcelle parvule,' dixit Ior. 'Si mane bonum est,' dixit. 'Quod dubito,' dixit. 'Me modice tangit,' dixit.

'Utinam dies iste saepe et feliciter revertatur,' dixit Porcellus, appropinquans.

Ior desivit se in rivo intueri et ad Porcellum adspectandum revertit.

'Iteradum eadem ista mihi!' dixit.

'Utinam. . . .'

5         

'Paulisper exspecta.'

Sese tribus pedibus librans cautissime quartam ungulam ad auriculam admovere coepit. 'Heri hoc feci,' explicabat tertio cadens. 'Facile factu est. Ita melius audio. . . . Ecce, factum est. Dic etiam clarius: quid dixisti?' et auriculam ungula propulit.

'Utinam iste dies saepe et fauste revertatur!'

'Ad me refert?'

'Scilicet, Ior.'

'Ad natalem meum?'

'Scilicet.'

'Ad me verum diem natalem habentem?'

'Ita est, Ior, et donum tibi attuli.'

Ior ungulam dextram ab auricula dextra sustulit et, conversus, ungulam sinistram ad auriculam sinistram levavit.

'Inmitte istud in alteram auriculam', dixit. 'Age!'

'Donum,' dixit Porcellus magna voce.

'Iterum ad me refert?'

'Iterum.'

'Ad natalem meum?'

'Scilicet, Ior.'

'Ad me natalem verum habentem?'

'Ita est Ior et folliculum attuli.'

'Folliculum?' dixit Ior. 'Folliculum dixisti? Unam rerum coloratarum inflatarum? "Hilaritas, chorea, sumus hic sumus illic?"'

'Sane, sed vereor . . . dolendum est Ior, sed currendo et apportando titubavi.'

'Hercle, nollem accidisset hoc tibi! Censeo te nimium celeriter cucurrisse. Te laesisti, Porcelle parvule?'

'Minime, sed ego . . . ego. . . Ior, folliculum rupi.'

Longum silentium secutum est.

'Folliculum meum natalicium?'

'Ita est, Ior,' dixit Porcellus singultim. 'Ecce . . . cum . . . multis felicibus reditionibus diei.' Et Iori, panniculum parvulum humidumque porrexit.

'Hoc est?' dixit Ior aliquantulum obstupefactus.

Porcellus adnuit.

'Donum meum?'

Porcellus iterum adnuit.

'Folliculus?'

'Sane.'

'Gratias tibi ago, o Porcelle,' dixit Ior. 'Pace tua liceat rogavisse,' subjunxit, 'qualis erat color huius folliculi cum . . . dum folliculus erat?'

'Ruber.'

'Scire cupivi. . . . Ruber,' secum murmuravit, '. . . color, quo ego maxime delector . . . qualis erat magnitudo eius?'

'Erat magnitudo mea.'

'Scire cupivi. . . . Magnitudo Porcelli!' secum tristis murmuravit, '. . . magnitudo qua ego maxime delector. Ita est, ita.'

Porcellus quid dicere deberet incertus, non belle se habebat. Iam ore hiante aliquid dicere coepit, deinde decrevit, hoc potius non dicere, cum ab ulteriore ripa vocem clamantem audivit, et advenit Pu.

'Multas felices reditiones diei,' clamavit Pu, oblitus hoc iam dixisse.

'Gratias tibi ago Pu, eas iam habeo,' dixit iniquae mentis asellus.

'Munus quoddam parvulum attuli,' dixit Pu alacriter.

'Iam accepi,' dixit Ior.

Pu tunc rivulum vado usque ad Iorem transierat et Porcellus, modico distans intervallo caput ungulis sublevans secum singultavit.

'Est vas utile,' dixit Pu. 'En, accipe! Scriptum legimus: felicem natalem amanter ominatur Pu. Ecce tota inscriptio. Ad res intro collocandas potest accomodari. Tibi habe!'

Ior vas adspiciens mirifice affectus est.

'Io!' dixit, 'censeo folliculum meum vasi aptissime convenire.'

'Minime Ior mi,' dixit Pu. 'Folliculi majores sunt, quam ut vasibus introeant. Quod agis cum folliculo est, folliculum tenere. . . .'

'Minime meum,' dixit Ior superbus. 'Adspice, o Porcelle!' Et cum Porcellus tristis respexisset, Ior folliculum mordicus apprehendit et caute vase imposuit; extraxit et humi posuit; iterum sumpsit et caute reposuit.

'Ita est,' dixit Pu. 'Intrat!'

'Ita est,' dixit Porcellus, 'exit!'

'Nonne?' dixit Ior. 'Intrat et exit ut nil supra!'

'Laetor,' dixit Pu feliciter, 'cogitavisse tibi vas utile ad res intro collocandas dare.'

'Laetor,' dixit Porcellus feliciter, 'cogitavisse tibi aliquid in vase utili collocandum dare.'

Sed Ior non auscultabat. Quam felicissime folliculum extrahebat et reponebat. . . .

'Ego autem nihil ei dedi?' rogavit tristis Christophorus Robinus.

'Scilicet dedisti,' dixi. 'Dedisti . . . non recordaris? . . .'

'Dedi ei thecam colorum ad res depingendas.'

'Profecto!'

'Cur non mane id ei dedi?'

'Quia admodum sedule laboravisti, ut ei convivium parares. Habebat crustulum incrustatum, tres candelas, nomen eius saccharo roseo confectum atque. . . .'

'At vero, reminiscor!' dixit Christophorus Robinus.

# VII

¶ Quo in capite Canga et Ru ille
parvulus in silvam veniunt et
Porcellus balneo utitur

NEMO UNDENAM ORTI essent scire videbatur, sed
nunc in silva erant: Canga ac Ru ille parvulus.
Quaerente Puo quomodo advenirent Christophorus Robinus: 'Ordinario modo,' respondit, 'mi Pu,
si tenes quod dicam,' et Pu, nihil omnino intellegens,
'O,' dixit, deinde bis capite nutavit et 'Ordinario modo.
Sane,' subjunxit. Deinde ad amicum suum Porcellum
visitandum abiit, quid de his rebus cogitaret, scrutatum.
Porcelli autem in domo Leporem invenit. Itaque terni
confabulati sunt.

'Quod his in rebus mihi parum placet,' dixit Lepus,
'est hoc: hic sumus, tu Pu, tu o Porcelle, egomet . . . ac
repente. . . .'

'Et Ior,' dixit Pu.

'Et Ior – tunc repente. . . .'

'Et Bubo,' dixit Pu.

'Et Bubo – tunc repente. . . .'

'Adde Iorem,' dixit Pu. 'Eius fere oblitus eram.'

'Hic nos omnes sumus,' dixit Lepus lentissime et

caute, 'nos omnes, deinde, repente mane quodam ex-
pergefacti quid reperimus? Animal alienigenum est
nobiscum! Animal, de quo ne rumor quidem venerat!
Animal, quod familiam suam semper marsupio secum
portat! Putemus me familiam semper mecum portare,
quam multis marsupiis mihi opus sit?'

'Sedecim,' dixit Porcellus.

'Septemdecim, nonne,' dixit Lepus. 'Et uno pro
muccinio – denique duodeviginti. Duodeviginti marsupia
una veste! Tempus me deficit.' Secundum haec longum,
et meditabundum fuit silentium . . . deinde Pu, qui
aliquamdiu graviter frontem corrugaverat, dixit: 'Censeo
ea quindecim esse.'

'Quae?' dixit Lepus.

'Quindecim.'

'Quindecim quae?'

'Familiae tuae membra!'

'Quid refert ad eos?'

Pu rostrum perfricans dixit se Leporem de familia sua
loqui cogitavisse.

'Locutus sum?' dixit Lepus obiter.

'Sane, dixisti. . . .'

'Sed hoc ne curaris mi Pu,' dixit Porcellus impatienter.
'Quaeritur: quid nobis est propter Cangam agendum?'

'Teneo,' dixit Pu.

'Optimus modus procedendi,' dixit Lepus, 'est hic:
optimus modus est Rum parvulum furto subducere et
eum abscondere, et postea, cum Canga rogaverit: "Ubi
est Ru ille parvulus?" dicemus: "Eheu!"'

'Eheu,' dixit Pu, se exercens. 'Eheu, eheu. . . . Scilicet,' perrexit, 'possumus eheu dicere et Rum furto non sub-ducentes.'

'Pu,' dixit Lepus cum bona gratia, 'nec quicquam habes cerebri.'

'Facti huius mihi conscius sum,' dixit Pu remissus.

'Heu dicimus ad Cangam certiorem faciendam, *nos* ubi Ru sit, scire. Eheu significat: dicemus, ubi Ru sit, si promiseris te silvam relicturam et nunquam reversuram esse. Nunc, dum cogito, favete linguis!'

Pu in angulum cubiculi concessit et conatus est, apta voce 'eheu' dicere. Modo ei videbatur id, quod Lepus sentiret, optime exponere, modo minime vero. 'Totum in exercitatione esse puto,' cogitabat. 'Scire aveo, an Canga quoque se exercere debeat, si vult nos intellegere.'

'Reliquitur aliquid ad resolvendum,' dixit Porcellus timidissimo murmure subsultans. 'Cum Christophoro Robino locutus sum et mihi dixit Cangas omnino in numero animalium ferocium haberi. Animalia quamvis ferocia minime timeo, sed neminem latet unum animalium ferocium progenie orbatum tam ferox fieri, quam duo animalium ferocium. Quo casu forsitan *stultum* sit "eheu" dicere.'

'Porcelle,' dixit Lepus graphidem capiens et acumen eius lambens, 'hebes infirmusque es.'

'Manu fortem esse difficile est,' dixit Porcellus singul-tim, 'de animalium pusillorum grege porco!'

Lepus, qui sedule scribere coeperat suspiciens dixit:

'Est, quia animal parvulum es, quod tu nobis in incepto futuro utilissimus eris.'

Porcellus se maximi momenti esse animo fingens adeo

ardebat studio, ut timoris obliviasceretur, et cum Lepus pergeret et diceret Cangas hiemis modo tempore feroces, ceteris anni temporibus autem mansuetas esse, vix sese continuit, tantopere enim cupiebat statim prodesse.

'Et quod ad me pertinet, quid faciamus?' dixit Pu tristis. 'Timeo me utilem minime fore.'

'Accipe in bonam partem Pu,' dixit Porcellus consolatorie. 'Forsitan alio tempore.'

'Absque Puo foret,' Lepus graphidem acuens sollemniter dixit, 'totum inceptum fieri nequeat.'

'Heus!' dixit Porcellus et conatus est deceptus non videri. Pu autem in angulum cubiculi iit et superbus secum dixit: 'Sine me fieri non potest! Talis ursus sum!'

'Quin, audite omnes,' dixit Lepus, cum scripturam finivisset, et Pu atque Porcellus oribus hiantibus intentissime audientiam fecerunt. Id est quod Lepus legit:

CONSILIUM RUI PARVULI CAPIENDI
1 Rerum notio generalis: Canga omnes nos velocitate praecurrit, etiam me.
2 Ulterioris rei notio generalis: Canga Rum parvulum nunquam e conspectu suo amittit, nisi in marsupio tuto conditum.

3 Igitur: si Rum parvulum capere volumus, vehementer impetum sumere opus est, quia Canga omnes
nos velocitate praecurrit etiam me (vide 1).

4 Consilium: si Ru ex marsupio exsiliret, Porcellus
autem introsiliret, Canga differentiam haud animad-
verteret, quia Porcellus animal pusillum est.

5 Sicut Ru.

6 Sed, ne Canga Porcellum introsilientem videat,
antea alio debet vertere oculos.

7 Vide 2.

8 Aliud consilium: si Pu cum ea assidue confabulare-
tur, forsitan paulisper oculos alio verteret.

9 Et ego cum Ruo aufugere potero.

10 Velociter.

11 Et Canga discrimen non, nisi sero, animadvertet.


Sane, Lepus haec superbe recitavit, nec quisquam,
cum perorasset per punctum temporis locutus est.
Deinde Porcellus, qui sine ullo murmure os vicissim
aperuerat et clauserat, valuit rauce proferre:

'Et . . . quid tum inde?'

'Quid putas?'

'Cum Canga vere discrimen animadvertet. . . .'

'Tum nos omnes "eheu" dicimus.'

'Nos tres?'

'Nos.'

'Heu!'

'Quid hoc tibi vult, o Porcelle?'

'Nihil,' dixit Porcellus, 'tamdiu hoc nos tres dicimus. Tamdiu nos tres hoc dicimus,' dixit Porcellus, 'incredibile est, quam ego ista non curem!' dixit, 'sed nolo solus "eheu" dicere. Longe abest, ut adeo bene sonaret. Ceterum,' dixit, 'pro certo habesne quod de mensibus hibernis dixisti?'

'De mensibus hibernis?'

'Ita est: quod non nisi hibernis mensibus feroces sunt.'

'Sane, sane, verum est. Pu mi, intellegisne quid tibi faciendum sit?'

'Minime,' dixit Ursus Pu. 'Nondum,' dixit. 'Quid faciam vis?'

'Sane, cum Canga assidue colloqui debes, ne quid animadvertat.'

'Quo de proposito?'

'De quibuslibet propositis!'

'Putas mihi fragmenta carminum recitanda esse aut aliquid?'

'Tenes,' dixit Lepus. 'Optime. Venite dum mecum!'

Itaque omnes Cangam quaesitum abierunt. Canga et Ru tempus pomeridianum tranquille arenoso silvae in loco agebant. Ru ille parvulus se levibus saltibus exercebat arena, in cava murium cadebat et ex eis emergebat,

Canga autem trepidans: 'praeterea unum saltum, carissime, postea nobis domum est eundum,' dictitabat.

Eo in puncto temporis quis alius Puo collem ascendit. . . .

'Salve, Canga.'

'Salve, Pu.'

'Vide me salientem,' vagivit Ru, et in aliud cavum cecidit.

'Salve Ru, amicule!'

'Domum ituri eramus,' dixit Canga. 'Salve Pu, Porcelle salve!'

Lepus et Porcellus a contraria parte collis propius accedentes 'Salve' et 'Ave Ru' dixerunt et Ru rogavit eos, ut eum salientem adspicerent, itaque constiterunt et eum contemplati sunt.

Canga etiam contemplabatur. . . .

'Canga mi,' dixit Pu Lepori simul atque ille bis sibi oculo annuivit, 'nescio an tibi carmina magnae curae sint. . . .'

'Vix,' dixit Canga.

'O,' dixit Pu.

'Ru carissime, semel nec amplius sali, deinde nobis domum est eundum.'

Per punctum temporis silentium secutum est, dum Ru in aliam foveam cecidit.

'Age,' susurravit Lepus post ungulam magna voce.

'Quoniam carminum mentio facta est,' dixit Pu, 'egomet rediens poema composui. Ita incipit . . . et . . . videamus. . . .'

'Mirum,' exclamavit Canga. 'Nunc, Ru carissime. . . .'

'Carmen tibi pro certo placebit,' dixit Lepus.

'Maximopere placebit,' dixit Porcellus.

'Tibi attento animo audiendum est,' dixit Lepus.

'Ne quid te fugiat,' dixit Porcellus.

'Ita est,' dixit Canga, etiam tunc Rum observans.

'Quomodo incipit?' dixit Lepus; Pu aliquantulum tussiculans sic orsus est:

*Versus Ursi perpauli cerebri*

> Dies ille, dies Lunae
> Semper venit opportune
> Rogo vos et quaero id:
> Quid est quod et quod est quid?
>
> Dies alter, dies Martis
> Est laboris et est artis
> Age Canga, dic si scis:
> Quarum? Quorum? Quid est quis?

Sequitur Mercurii dies
Qualis somnus, qualis quies!
Audi Lepus! Quaeritur:
Quisnam? Unde? Quidni? Cur?

Dies quartus, dies Jovis
Heu, aenigmata dat nobis
Cogitabo forsitan:
Nonne? Necne? Utrum-an?

Dies Veneris. . . .

'Ita est, nonne?' dixit Canga neque exspectavit, quid die Veneris fieret. 'Hunc unum saltum, Ru carissime, postea nobis profecto domum est eundum!'

Lepus Puo nutu signum quasi exhortativum dedit.

'Cum ageretur de carminibus,' dixit cito Pu, 'arborem illam unquam animadvertisti?'

'Ubi?' dixit Canga. 'Nunc Ru. . . .'

'Sane, illic,' dixit Pu, aliquid post tergum Cangae digito monstrans.

'Minime,' dixit Canga. 'Introsili Ru, carissime, domum ibimus.'

'Arborem illam spectare debeas,' dixit Lepus. 'Nunc te in marsupio colloco Ru.' Et Rum ungulis sublevavit.

'Hinc avem inter ramos prospicio,' dixit Pu. 'Aut piscis est?'

'Avem hinc dispicere debeas,' dixit Lepus. 'Nisi piscis sit.'

'Non est piscis, est avis,' dixit Porcellus.

'Ita est,' dixit Lepus.

'Est sturnus aut turdus?' dixit Pu.

'Quaeritur,' dixit Lepus. 'Est turdus aut sturnus?'

Postremo tandem Canga cervices retorsit ut ipse videret. Canga respiciente Lepus magna voce 'introsili Ru,' dixit, Porcellus in marsupium Cangae introsiluit, Lepus autem Rum inter ungulas tenens quam celerrime aufugit.

'Ubinam est Lepus?' dixit Canga respiciens. 'Pulchre est tibi, Ru carissime?'

Porcellus ex imo Cangae marsupio vagitum Ruo-similem emisit.

'Lepus abire debuit,' dixit Pu. 'Censeo ei alicuius rei illico videndae in mentem venisse.'

'Et Porcellus?'

'Censeo Porcellum simul aliquid cogitavisse. Repente.'

'Denique nobis domum est eundum,' dixit Canga. 'Vale Pu.' Et tribus cum magnis saltibus aufugit.

Pu eam recedentem oculis secutus est. 'Utinam ego

[ 73 ]

tales saltus facere valeam,' cogitavit. 'Sunt, qui possint, sunt qui nequeant. Sane res ita se habet.'

Inciderunt autem tempora, quibus Porcellus desiderabat Cangam nequisse. Saepe longum iter usque ad domum per silvam percurrens desideraverat se avem esse. Nunc autem saltitans in imo Cangae marsupio secum cogitavit:

'Si      est          nunquam        volatus
     id        volare               mihi           placebit!'

Sursum volans 'UUU,' dixit, deorsum autem 'au'. Totum per iter usque ad domum Cangae U – au – U – au – U – au dictitabat. . . .

Canga marsupium aperiens primo adspectu quid accidisset, intellexit. Paulisper cogitabat pavere, mox autem sensit se nihil timere: pro certo enim habebat Christophorum Robinum nunquam ulli Rum laedere permisisse. Itaque secum dixit: 'Si illi me ludibrio habere volunt, etiam ego illos ludibrio habebo.'

'Age, veni Ru carissime,' dixit Porcellum ex marsupio trahens. 'Somni tempus est.'

'Eheu!' dixit Porcellus quemadmodum post iactationes

potuit. Sed non erat 'eheu' praeclarum et Canga evidenter quid significaret non intellexit.

'Imprimis balneum,' dixit Canga alacriter.

'Eheu!' dixit iterum Porcellus, socios timide oculis vestigans. Sed ceteri aberant. Lepus cum Ruo in domo sua ludebat et se eum sensim plusplusque diligere sensit, et Pu, dum esse voluit similis Cangae, tunc quoque arenoso loco silvae saliendo se exercebat.

'Anceps haereo et dubito,' dixit Canga voce meditabunda, 'an sapiens propositum non sit, balneo hodie frigido uti. Amasne balnea frigida, Ru carissime?'

Porcellus, qui nunquam fuerat amator balnearum, horribiliter animo horruit et quam potuit fortissime dixit:

'Canga, intellego tempus instare sincera fide loquendi.'

'Rucule ridicule,' dixit Canga aquam balnei parans.

'Non sum Ru,' dixit Porcellus magna voce. 'Porcellus sum.'

'Ita est, corcule, ita,' Canga sedato corde dixit. 'Etiam vocem Porcelli imitaris? Rucule subtilissime!' perrexit, saponem flavum permagnum ex armario sumens. 'Quid nunc mihi exhibiturus est?'

'Nonne vides?' exclamavit Porcellus. 'Num caligas? Adspice!'

'Video te Ru, carissime,' Canga valde severe dixit. 'Et scis, quod heri tibi de sannis dixi! Porcellum imitans adultus porcellus videberis – et mente finge, quantum id te pigebit! Age, in balneum, cave facias me idem saepius iterum dicere!'

Antequam ubi esset sciret, Porcellus in balneo erat et Canga eum panno ex lana coacta crasso et saponato quasi loreo vehementer fricabat.

'Ai!' clamavit Porcellus 'Sine me abire! Porcellus sum!'

'Noli os aperire, carissime, aut sapo intrabit!' dixit Canga. 'Ecce! Quod erat demonstrandum!'

'Tu . . . tu . . . consulto id fecisti,' Porcellus simul ac

[ 76 ]

loqui potuit ore titubante dixit . . . deinde casu iterum pannum quasi loreum et saponatum ore recepit.

'Optime carissime, mitte loqui,' dixit Canga et post punctum temporis Porcellus lotus linteo tersus est.

'Age,' dixit Canga, 'sume remedium, postea autem cubitum ibis.'

'Qu . . . qu . . . quale remedium?' dixit Porcellus.

'Ad te corroborandum et firmandum, carissime! Num habes voluntatem parvulum et debilem sicut Porcellus manendi? Accede istoc!'

Tum vero ostium pulsatum est.

'Veni intro,' dixit Canga et Christophorus Robinus ingressus est.

'Christophore Robine, Christophore Robine!' exclamavit Porcellus. 'Dic Cangae qui sim! Non desinit dicere me Rum esse! Ego non sum Ru, nonne?'

Christophorus Robinus eum accurate inspexit et abnuit.

'Non potes Ru esse,' dixit, 'quia modo Rum ludentem in domo Leporis vidi.'

'Heu!' dixit Canga. 'Mentibus fingite! Quantum me opinio fefellit!'

Christophorus denuo abnuit.

'Minime. Porcellus non es,' dixit. 'Porcellum intus et in cute novi et colorem diversissimum habet.'

Porcellus dicere coepit id ita se habere, quia recens a balneo esset, deinde cogitabat hoc fortasse non dicere, et cum os, aliud quid dicturus aperiret, Canga cochlear remedii inseruit deinde tergum eius tutudit et affirmavit remedium iucunde sapere simul ac aliquis assuefactus esset.

'Non ignoravi eum Porcellum non esse,' dixit Canga. 'Aveo scire qui sit.'

'Forsitan unus ex stirpe Pui,' dixit Christophorus Robinus. 'Filius aut patruus aut aliquis?'

Canga assensa est, ut res credibiliter ita se haberet et dixit, eum appellatione signare necesse esse.

'Eum Putel vocabo,' dixit Christophorus Robinus. 'Breviter: Henricum Putelum.'

Sed simul ac id decretum fuit, Henricus Putelus se e complexu Cangae expedit et in terram saluit. Ingenti eius gaudio Christophorus Robinus fores apertas liquerat. Nunquam Henricus Putelus Porcellus tam velociter ac tunc cucurrerat neque prius a cursu destitit, quam ad fere domum suam pervenit. Sed cum centum ulnas a domo abesset constitit, et reliquum itineris per humum se volvit, ut colorem suum iucundum et assuetum resti-tueret.

Ideo Canga atque Ru in silva manebant. Et singulis Martis diebus Ru diem cum amico suo ex animo Lepore agebat, et singulis Martis diebus Canga diem cum amico ex animo Puo agebat eum saltus docens, et singulis Martis diebus Porcellus diem cum amico suo ex animo Christophoro Robino agebat.

Ita omnes denuo felices fuerunt.

# VIII

¶ Quo in capite Christophorus Robinus
Expotitionem ad Palum Septentrionalem
ducit

APRICISSIMO QUODEM DIE Pu sedato gressu summam in silvam se contulit, quid amicus suus Christophorus Robinus de ursis generaliter sentiret,
speculatum. Mane jentaculum sumens (refectio parca nil
praeter pauxillum confecturae favo aut duobus favis mellis
illitum fuerat) novum carmen condiderat, hoc modo:

Ursuli verba cano!

Cum huc usque pervenit caput perfricuit et secum
cogitavit: 'est optimum principium carminis, sed quid
quod ad secundum versum pertinet?' Conatus est bis
aut ter 'Ho' canere, sed evidenter parum ei profuit.
'Forsitan satius sit,' cogitavit, 'si

Ursuli herbas cano!

cantitem . . .' et cantitavit . . . sed non fuit. 'Bene, prae-
clare,' dixit, 'bis primum versum cantitabo et fortasse
velociter cantando me tertium et quartum versum cantantem invenero antequam tempus habuissem eos
excogitandi et Carmen Bonum eveniet. Age!'

Ursuli verba cano
Ursuli verba cano

Non curo, cadetne nix an ros
Dum favum masticat meum os
Dum os meum mellis plenum est
Omne coelum amoenum est.

Carmen adeo ei placebat, ut totum per iter ad summam silvam hoc cantitaret, 'at si diutius cecinero,' cogitavit, 'tempus erit aliquantulum pabuli sumendi et paenultimus versus mendax erit'; quam ob rem in locum eius susurrum substituit.

Christophorus Robinus magnas caligas induens ante portam sedebat. Quam simul caligas magnas aspexit Pu intellexit Inceptum imminens esse, dorso ungulae mel naso abstersit et quam potentissime se erexit, ut ad omnem eventum paratus adpareret.

'Salve Christophore Robine!' exclamavit.

'Salve urse Pu. Nequeo istam caligam induere.'

'Malum,' dixit Pu.

'Existimas te sodes, te contra me applicare posse? quia tanta vi traho, ut retrorsum cadam.'

Pu consedit, ungulas solo infixit, et quanta maxima vi potuit tergo tergum Christophori Robini pressit. Christophorus Robinus autem sese contra tergum eius applicavit, traxit traxitque caligam quoad induit.

'Expeditum est,' dixit Pu. 'Proximo quid faciamus?'

'Nos omnes in expeditionem exibimus,' dixit Christophorus Robinus exsurgens et sese detergens. 'Gratias tibi ago, Pu.'

'In expotitionem exibimus?' dixit avide Pu. 'Non puto me iam expotitionis participem fuisse. Quo vadimus ea in expotitione?'

'Expeditionem dixi, ursule stultule! Pedi non est poti!'

'Profecto,' dixit Pu. 'Id non ignoro.' (Sed ignorabat.)

'Ad Polum Septentrionalem inveniendum eximus.'

'Profecto,' dixit iterum Pu. 'Quid est Polus Septentrionalis?' rogavit.

'Est res ad inveniendum apta,' dixit obiter Christophorus Robinus, ipse incertus.

'Teneo,' dixit Pu. 'Sunt ursi ad polum inveniendum idonei?'

'Scilicet, sunt. Et etiam Lepus, Canga et quot estis omnes. Expeditio est. Id ipsum est quod appellatur expeditio. Ordo longus omnium. Iube dum potius omnes se parare dum ego sclopetum meum examino. Et nos omnes viatica adferre oportet.'

'Adferre quae?'

'Cibaria.'

'Oh,' dixit Pu laetus. 'Credidi te "viatica" dixisse. Abeo et nuntio.' Et presso gradu abiit.

Primus autem in quem incidit Lepus fuit.

'Heus Lepus,' dixit, 'es tu?'

'Putemus me non esse,' dixit Lepus, 'et videamus, quorsum hoc evadat.'

'Habeo aliquid tibi nuntiandum.'

[ 82 ]

'Ei dabo.'

'Nos omnes cum Christophoro Robino in expotitionem exibimus.'

'Qua in re?'

'In cymbae genere aliquo, censeo,' dixit Pu.

'Teneo, in genere huiusmodi.'

'Sic, et polum inventuri sumus, aut aliquid. Aut pilam? Utique, inventuri sumus.'

'Verumne? Itan'?' dixit Lepus.

'Et via-tica ad comedendum nos adferre oportet. Si in tali casu manducare desiderabimus. Nunc ad domum Porcelli abeo. Dic Cangae, sodes!'

Leporem linquens ad Porcelli domum festinavit.

Porcellus apud portam domus humi sedebat et semina taraxaci leontodontis laetus sufflabat, scire avens si res aliqua anno presente, anno subsequente, aliquando aut nec unquam eveniret. Modo invenerat rem nec unquam eventuram esse et recordari conatus est, quid 'res' fuisset, et nihil jucundi fuisse spem habuit, cum Pu advenit.

'O, Porcelle,' dixit Pu animosus, 'nos omnes in expotitione eximus, nos omnes, cum cibis. Ad rem inveniendam.'

'Inveniendam quid?' dixit Porcellus timidus.

'Rem alicuius generis.'

'Num ferocem?'

'Christophorus Robinus nihil de ferocia dixit. Dixit rem pilum aut palum esse.'

'Palus non est malus,' dixit Porcellus graviter. 'Et Christophoro Robino presente nihil nocet.'

Aliquanto post omnes summa in silva parati erant et coepit expeditio. Principes fuerunt Christophorus Robinus et Lepus, sequebantur Porcellus atque Pu; deinde Canga Rum in marsupio gerens et Bubo; deinde Ior et in agmine novissimo omnes Leporis amici et cognati.

'Invocatu meo,' explicavit Lepus obiter, 'advenerunt. Semper ita agunt. Agmen claudere possunt, post Iorem.'

'Enuntio,' dixit Ior, 'his omnibus rebus taedio affici. Non erat desiderium meum participem esse expo – o rei illius, quam Pu nominavit. In beneficii causa veni. Sed me ecce – et si cauda expo – rei sum, cauda esse volo. Si autem, quandocumque consedere et interquiescere volui dimidium duodecadis amicorum et cognatorum Leporis cum cauda mea deverrere debeam, hoc non erit expo – utcumque sit – sed tumultus confusus. Ita censeo.'

'Recte interpretor sententiam Ioris,' dixit Bubo. 'Si me rogatis. . . .'

'Minime rogo,' dixit Ior. 'Omnibus enuntio. Per me, vel polum septentrionalem quaeramus, vel in extremitate cavernae formicarum "Hic collegimus Nuces et Maium" ludamus, licet. Mea nihil refert.'

Vox sonavit e primo agmine.

'Venite!' clamavit Christophorus Robinus.

'Venite!' clamaverunt Pu ac Porcellus.

'Venite!' clamavit Bubo.

'Incipit expeditio,' dixit Lepus. 'Me abire oportet.' Et una Christophoro Robino ad agmen ducendum festinavit.

'Euge,' dixit Ior. 'Abimus. Sed nolite mihi aliquid objectare.'

Omnes igitur ad polum inveniendum abierunt. Inter eundum omnes ab hoc et ab hac confabulaverunt, omnes excepto Puo, qui carmen elaborabat.

'Ecce pars prima,' dixit Porcello, cum perfecta esset.

'Pars prima cuius rei?'

'Carminis mei!'

'Qualis carminis?'

'Huius.'

'Cuius?'

'Si aurem praebes, Porcelle, audias.'

'Unde scis me aurem non praebere?'

Pu respondere nequiens ita incepit cantare:

> Bubo et Ior et Canga et Ru
> Atque Porcellus et egomet Pu
> Cuncti rogamus, non ego solus
> Ubi sit pilus aut palus aut polus?
> Heu pilus ubi? O polus qualis?
> Polus septemtrionalis.

'Tace,' dixit Puo cervices retorquens Christophorus Robinus, 'nunc vero ad locum periculosum pervenimus.'

'Tace,' dixit Pu nunc velociter ad Porcellum se convertens.

'Tace,' dixit Porcellus Cangae.

'Tace,' dixit Canga Buboni; dum Ru secum aliquoties 'tace' dixit tranquillissime.

'Tace,' dixit Bubo Iori.

'*Tace*,' dixit Ior voce horrenda omnibus Leporis cognatis amicisque. Et 'tace' omnes perpropere dixerunt totum per ordinem, usque ad ultimum omnium. Ultimus et minimus amicus-et-cognatus adeo cohorruit, quia tota expeditio ei 'tace' dixerat ut capite deorsum sese humo conderet; eo loco per duos dies permansit, sublato tandem periculo festinanter domum abiit et tranquille cum matertera vitam agebat. Nomen ei erat Alexander Scarabeus.

Perventum est ad flexibus riparum praeruptarum et saxosarum implicatum rivulum et Christophorus Robinus statim intellexit locum periculosum esse.

'Vepres huius loci insidiis nati sunt,' explicavit.

'Quae sunt insidiae in vepribus?' Pu Porcello susurravit.

'Pu dulcissime rerum,' dixit Bubo modo suo dicendi superbo, 'num nescis quid insidiae sint?'

'Bubo,' dixit Porcellus caput retorquens, 'Pui susurrus omnino privatim dictus erat, neque oportuit. . . .'

'Insidiae,' dixit Bubo, 'est occulta exspectatio ad aliquem aggrediendum.'

'Vepres etiam interdum ursos occulte aggrediuntur.'

'Insidiae,' dixit Porcellus, 'sicut modo Puo explicaturus eram, est occulta exspectatio ad aliquem aggrediendum.'

'Si quis in te repente impetum facit, insidiae sunt,' dixit Bubo.

'Insidiae sunt Pu, si quis in te repente impetum facit,' explicavit Porcellus.

Pu quid insidiae essent nunc certior factus dixit vepres contra se olim impetum fecisse, cum de arbore cecidisset et se per sex dies laboravisse ut spinas omnes ex corpore extraheret.

'De vepribus non loquimur,' dixit Bubo haud ita multum iratus.

'Ego autem loquor,' dixit Pu.

Nunc de saxo in saxum procedentes caute adverso flumine iter pergebant et aliquantulum post itineris ad locum pervenerunt, ubi ripae latiores erant, adeo ut utraque in parte aquae pratulus planus ad considendum et requiescendum aptus esset. Simul ac locum vidit Christophorus Robinus 'sistite gradum' iussit et omnes consederunt et requieverunt.

'Censeo,' dixit Christophorus Robinus, 'nobis omnia viatica nunc edenda esse, ne tanta in humeris ferre debeamus.'

'Edere omnia quae?' dixit Pu.

'Omnia adlata,' dixit Porcellus et operi accinxit.

'Bonum consilium,' dixit Pu, et etiam accinxit operi.

'Omnesne aliquid habetis?' rogavit ore pleno Christophorus Robinus.

'Omnes praeter me,' dixit Ior. 'Usitato more.' Et oculos suo modo melancholice circumtulit. 'Puto neminem vestrum coeco casu in carduo sedere. . . .'

'Censeo me sedere,' dixit Pu. 'Heus!' Surrexit et retrospexit. 'Profecto, ita est. Recte existimavi.'

'Gratias tibi ago, Pu. Si hoc tibi sufficit.' Ad sedem Pui propius accedit et edere coepit.

'Insidere, sicut scitis, eis nihil confert,' subjunxit, oculis inter masticandum sursum conversis. 'Vitalitatem tollit. Aliquantulum considerationis, aliquantulum respectus aliorum totam significant distinctionem.'

Christophorus Robinus pransus statim aliquid Leporis in auriculam susurravit et Lepus dixit: 'Sane, optime,' et conjunctim adverso flumine paululum ambulabant.

'Tibi dico, ceteris non item,' dixit Christophorus Robinus.

'Ita est,' dixit Lepus vultum adducens.

'Est – scire cupivi – est solum – Lepus, censeo te ignorare: qualis est adspectus poli septentrionalis?'

'Sane,' dixit Lepus barbam malis demissam perfricans. 'Nunc rogitas!'

'Olim noveram sed aliquo modo oblitus sum,' dixit obiter Christophorus Robinus.

'Ridiculum est,' dixit Lepus, 'sed ego quoque aliquo modo oblitus sum, quamvis olim non ignoravissem.'

'Censeo palum terrae infixum esse.'

'Polum, si nec pila nec pilum sit palum esse oportet. Et palum terrae infixum esse oportet, quia non est locus alius ad palum collocandum idoneus.'

'Hoc est quod egomet cogitaveram.'

'Quaeritur autem,' dixit Lepus, '*Ubi sit infixus?*'

'Id est, quod quaerimus,' dixit Christophorus Robinus.

Ad ceteros redierunt. Porcellus recumbens altiore somno dormiebat. Ru faciem et ungulas in rivulo lavabat, dum Canga omnibus superbe explicat nunc prima vice ipsum sibi faciem lavare, Bubo autem Cangae fabellam gratiosam narrabat plenam verborum longorum sicut 'Encyclopaedia' et 'Rhododendron,' quam Canga non auscultabat.

'Omnes has ablutiones non magni aestimo,' obmurmuravit Ior. 'O tempora, o mos ablutionis retroauricularis! Quid tibi videtur Pu?'

'Sane,' dixit Pu, 'puto. . . .'

Sed nunquam, quid Pu cogitaverit, sciemus, quia Ru repente vagitum dedit, fluvius strepuit et Canga clamando cuncta pavore complevit.

'De ablutionibus hactenus,' dixit Ior.

'Ru in aquam lapsus est!' exclamavit Lepus et ipse ac Christophorus Robinus eum a periculo vindicatum accucurrerunt.

'Videte me natantem!' vagivit Ru medio ex turbine et per cataractas ad proximum turbinem vectus est.

'Bene te habes, Ru carissime?' clamavit Canga sollicite.

'Bene,' dixit Ru. 'Videte me na . . .' et per proximas cataractas ad proximum turbinem vectus est.

Unusquisque aliquid ad auxiliandum fecit. Porcellus, iam omnino expergefactus, leves saltus dabat 'U, inquam' clamando; Bubo explicabat in casibus improvisis et temporariis immersionis capite ex aqua exstare magni momenti esse; Canga secundum ripam subsultans: '*Certe* bene te habes, Ru carissime?' dicebat, ad quod Ru ex omnibus, in quibus natabat turbinibus, 'Videte me natantem' respondebat. Ior tergum verterat et caudam primum in turbinem, ubi Ru inciderat, immerserat et

nunc a calamitate aversus tranquille secum murmurabat
et dixit: 'Ecce, quod ex ablutionibus evenire solet. Sed
accipe caudam Rucule parvule et servatus eris'; Christophorus Robinus autem et Lepus praeter Iorem properans
ad alios ante se clamaverunt.

'Bene est Ru, advenio,' clamavit Christophorus Robinus.

'Unum e vobis aliquid transversum flumen porrigere
oportet,' clamavit Lepus.

Pu autem iam aliquid egit. Ab Ruo spatium duorum
turbinum secundum flumen distans palum longum
ungulis tenens stabat, et Canga advenit et alteram
extremitatem prehendit et conjunctim palum transversum
partem inferiorem turbinis tenuerunt. Et Ru, etiam tunc
superbus 'Videte me natantem' clamans contra palum
vectus est et emersit.

'Nonne me natantem vidistis?' pipivit Ru alacriter dum
Canga eum vituperat et perfricat. 'Pu me natantem vidisti?
Quod feci natare vocatur. Lepus, quid fecissem, vidisti?
Natabam. Eja Porcelle! Porcelle inquam! Quid me fecisse
cogitas? Natabam! Christophore Robine! Me. . . .'

Sed Christophorus Robinus non auscultabat. Pum contemplatus est.

7

'Pu,' dixit, 'ubi invenisti palum?' Pu palum simul ungulis tenebat et oculis.

'Inveni,' dixit, 'et utilem esse putavi. Denique collegi.'

'Pu,' dixit sollemniter Christophorus Robinus, 'expeditio finita est. Invenisti Palum Septentrionalem!'

'O,' dixit Pu.

Ior caudam in aquam mergens sedebat, dum omnes revertunt.

'Dicite Ruo adhibeat celeritatem,' dixit. 'Cauda frigescit. Nolo mentionem faciam, sed facio. Nolo lamentari, sed ecce: cauda friget.'

'Ecce me,' vagivit Ru.

'En, ades!'

'Me natantem vidisti?'

Ior caudam ex aqua traxit et ultro citroque jactavit.

'Sicut exspectabam,' dixit. 'Sensum omnino perdidit. Torpet. Mehercle, ita est. Torpet. Bene, si nemini curae est, certe iustum est.'

'Doleo quia doles, vetule Ior! Tibi caudam detergo,' dixit Christophorus Robinus, muccinium extraxit et caudam confricuit.

'Gratias tibi ago habeoque, Christophore Robine! Unicus rerum caudalium expertus adpares. Nunquam cogitant – hoc est malum in nonnullis aliis. Non possunt aliquid mentibus fingere. Cauda *iis* non cauda est, sed aliquantulum, quod de spinae termino procidit.'

'Noli curare Ior,' dixit Christophorus Robinus, quam maxime assidue fricans. '*Tali modo* meliuscule tibi est?'

'Magis sensum caudae habet, fortassis. Iterum pertinet, si tenes quod dicam.'

'Heus Ior,' dixit Pu, cum palo suo adveniens.

'Heus Pu. Gratum mihi fecisti, quod rogavisti, sed post unum diem aut duo iterum ea uti potero.'

'Qua de re?'

'Re, de qua loquimur. . . .'

'De nulla re locutus sum,' dixit Pu mirabundus.

'Iterum erravi. Putavi te dixisse te caudae meae miseruisse, quia torpida fuisset et te opitulaturum esse.'

'Minime,' dixit Pu. 'Ego non fui.' Parumper meditatus et auxiliabundus subjunxit: 'Fortasse alius quis fuit.'

'Bene est, si eum videas, age pro me gratias.'

Pu timidus Christophorum Robinum contemplabatur.

'Pu Palum Septentrionalem invenit,' dixit Christophorus Robinus. 'Quid potest mirabilius reperiri?' Pu modeste oculos dejecit.

'Serion' dicis tu?' dixit Ior. 'Erat quod quaesivimus?'

'Sane,' dixit Pu.

'O,' dixit Ior. 'Bene. Utique non pluvit . . .' dixit.

Palum terrae infixerunt, et Christophorus Robinus inscriptionem ad palum alligavit:

PALUS VII
TRIONALIS
REPERIT PU
PU
INVENIT

Deinde omnes domum redierunt. Et censeo, sed ea res parum comperta est, Rum balneo calido usum esse et statim cubitum isse. Pu autem domum reversus rebus suis gestis elatus ad sese resuscitandum aliquantulum cibi sumpsit.

# IX

¶ Quo in capite Porcellus ab omni parte
aquis circumdatus est

PLUEBAT ET PLUEBAT et pluebat. Porcellus secum
dixit se nunquam dum erat – et Deus scit quantum
sit longaevus: trimus aut quadrimus erat! – tantum
pluviarum vidisse. Per dies et dies et dies.

'Si saltem,' cogitabat ex fenestra spectans, 'Pui in domo
fuissem, aut Christophori Robini in domo, aut Leporis in
domo cum pluviae incepissent, per totum hoc tempus
colloquium habuissem pro solitudine, nullo cum alio
negotio ac coniicere quando pluviae desinerent.' Et mente
fingebat seipsum cum Puo esse, dicentem: 'Unquam
pluvias tales vidisti, Pu?' et Pum dicentem: 'Nonne
ATROX est, Porcelle?' et Porcellum dicentem: 'Scire aveo
quomodo res apud Christophorum Robinum se habeant,'
et Pum dicentem: 'Puto Leporem vetulum et pauper-
culum nunc iam aquis submersum esse.' Suavis fuisset
huiusmodi confabulatio et profecto parum proderat rem
memorabilem sicut inundationem habere, si cum nullo
dividi poterat.

Erat hercle casus memorabilis. Fossae parvulae et
siccae, in quibus Porcellus totiens naso foderat in rivulos
mutatae erant, rivuli quos vado transierat rivi erant et
rivus, cuius inter praeruptas ripas tam feliciter luserat

alveo egressus ubique tam large patuit, ut Porcellus mirari inciperet, num lectulum eius mox invasurus esset.

'Aliquantulum perterrefacit,' secum dixit, 'animal parvulum ab omni parte aquis circumdatum esse. Christophorus Robinus et Pu in arbores ascendendo effugere possunt, Canga saliendo, Lepus cuniculos agendo, Bubo sese alis sustollendo, Ior magna voce clamando donec integer incolumisque servatus esset, sed ego hic sum, aquis circumdatus et quodcumque sit agere impotens.'

Sine intermissione pluebat et singulis diebus aqua magis magisque crescebat usque eo, donec paene Porcelli fenestra tenus pervenerat, neque tum quidem ipse aliquid fecerat.

'Ecce Pu,' secum cogitavit. 'Pu parum cerebri habet, sed nunquam aliquid ei incommode accidit. Puerilia tractat et in bonum exeunt. Ecce Bubo. Bubo non habet, quod cerebrum vocari possit, sed non ignorat res. Certo non ignorat quid aquis circumdatum facere oporteat. Ecce Lepus. Est homo nullius libri, sed semper consilia prudentia capit. Ecce Canga. Non est ingeniosa Canga, Canga non est, sed de Ruo timens etiam inconsulto recte agat. Ecce etiam Ior. Ior iam adeo miser est, ut hoc fieri non curet. Sed scire aveo quid Christophorus Robinus conetur.'

Tum repente historiae recordatus est, quam Christophorus Robinus ei narraverat de homine quodam in insula deserta, qui aliquid scripti in lagenula undis commiserat. Et Porcellus mente finxit aliquem, si ipse quid scriberet et in lagenula in aquam conjiceret adventurum et se servaturum esse.

A fenestra recessit et domum perscrutari coepit – totam partem nondum submersam – postremo lapidem scriptorium et chartam albam et siccam invenit, atque lagenulam cum cortice. Itaque una pagina scripsit:

SUCCURRITE

PORCELLUS (EGO)

et pagina aversa:

PORCELLUS SUM, EGO, SUCCURRITE,

SUCCURRITE

Postea chartam in lagenula collocavit, lagenulam cortice quam artissime occlusit, se e fenestra quam longissime, ne delaberetur, proclinavit et lagenulam quam longissime potuit – splass – ejecit; lagenula post punctum temporis in summam aquae emersit. Porcellus lagenulam lente et longe supernatantem observabat, usque eo quoad dolebat de fatigatione oculorum, et modo lagenulam, modo aquam undatim crispam sequi cogitabat, repente autem intellexit se lagenulam nunquam iterum visurum esse et se omnia, quae fieri potuerant, ut servaretur, fecisse.

'Nunc autem,' cogitavit, 'alium quem aliquid facere oportet, et spero eos mox acturos esse, quia nisi quid faciant natare debeo, quod nequeo, spero igitur eos mox acturos esse.' Suspirium ex imo duxit et dixit: 'Utinam Pu adesset! Alter cum altero jucundius se habet!'

Pluvia incipiente Pu dormiebat. Pluebat, pluebat et pluebat et ipse dormiebat, dormiebat et dormiebat. Diem laboriosum habuerat. Recordamini quomodo palum septentrionalem invenerat – sane, adeo elatus erat ut Christophorum Robinum interrogaret, si essent alii poli, qui ab urso parvi cerebri reperiri possent.

'Est Polus Australis,' dixit Christophorus Robinus, 'et opinor etiam Polum Orientalem et Occidentalem esse, quamquam apud quosdam ambigitur.'

Pu his verbis mira alacritate affectus suasit in expositione ad Polum Orientalem inveniendum ire, sed Christophorus Robinus de aliis negotiis cum Canga gerendis cogitabat; itaque Pu solus ad Polum Orientalem petendum exiit. Utrum reperisset, necne, oblitus sum. Sed domum reversus adeo defatigatus erat, ut media in coena, id est paulo postquam semihora amplius manducaverat, somnus artus eum in cathedra abstulisset, et dormiebat, et dormiebat et dormiebat.

Tunc repente somniavit. Erat apud Polum Orientalem

et erat polus valde frigidus, genere frigidissimo nivis et glaciei obtectus. Alvearium ad dormitandum idoneum invenerat sed locus cruribus suis deerat itaque foris manserunt. Et vusilli silvatici policolae orientales advenerunt et pellem eius rodebant ut ex ea nidos pro progenie texerent. Quo magis rodebant, eo frigidiora crura fiebant, quoad expergefactus esset et – o – in cathedra sedebat pedibus aquis submersis et aqua omnino circumdatus.

Per aquam usque ad portam transiit et foras spectavit. . . .

'Graves seriaeque res,' dixit Pu. 'Mihi fugiendum est.'

Maximum igitur vas mellis capiens cum eo ad largum arboris ramum, alte ab aqua aufugit, postea autem descendit et alio cum vase aufugit . . . et fuga tota peracta Pu alto in ramo sedebat, pedibus iactantibus et juxta eum X vasa mellis erant. . . .

Post biduum erat Pu, in ramo sedens pedibus iactantibus et juxta eum erant IV vasa mellis.

Post triduum erat Pu, in ramo sedens pedibus iactantibus et juxta eum erat vas mellis.

Post quadriduum erat Pu. . . . Et quarta die mane lagenula Porcelli fluctibus ad eum advecta est et Pu clara voce 'MEL' clamans se in aquam praecipitavit, lagenulam manu cepit et ad arborem haud facile revertit.

'Malum!' dixit Pu lagenulam recludens. 'Inanis humiditas! Quid ista chartula sibi vult?' Chartam extraxit et adspexit.

'Est nuncius,' secum dixit, 'profecto est. Ecce littera "P", scilicet est, videlicet est et "P" significat "Pu" denique est nuncius pro me et ego litteras nescio. Oportet me Christophorum Robinum invenire, aut Bubonem, aut Porcellum, unum Lectorum Prudentium qui scripta legere possunt, et ii mihi quid nuncius significet, legent. Sed natare non valeo. Malum!'

Postea autem consilium cepit et censeo consilium pro urso parvi cerebri bonum fuisse. Secum dixit:

'Si lagenula fluctuat vas etiam fluctuabit et si vas

fluctuat ego insuper sedere possum, si vas permagnum est.'

Itaque vas maximum apprehendit et cortice clausit.

'Omnes naves nomina habent,' dixit, 'proinde navem meam "Ursum fluctuantem" vocabo.' Haec ubi dixit navem in aquam deduxit et ipse saltu se in aquam dedit.

Aliquantisper Pu et 'Ursus fluctuans' haesitabant uter insuper esse deberet, sed unam ac alteram positionem experti processerunt infra 'Ursus fluctuans' et insidens Pu, triumphans et pedibus vehementer remigans.

Christophorus Robinus summa in silva habitabat. Pluebat, pluebat et pluebat sed aqua ad domum eius pervenire non valebat. Iucundissimum erat in valles despicere et aquam circa se videre, sed imber torrentis modo effundebatur, ut ipse totum fere per tempus domi se contineret et de rebus cogitaret. Singulis diebus mane cum umbella exibat et surculum in terram infodebat apud marginem aquae et omnibus subsequentibus diebus mane exibat et surculum videre nequibat, itaque alterum quidem surculum inserebat apud marginem aquae et postea domum ibat et singulis diebus iter usque ad aquam brevius erat, quam pridie. Quinto die mane aquam circumundique vidit et intellexit se primum in vita in insula vera esse. Quod propemodo mirabile erat.

Eo mane Bubo aquam transvolans Christophorum Robinum amicum salutatum advenit.

'Inquam, Bubo,' dixit Christophorus Robinus. 'Nonne jucundum est? In insula sum!'

'Coeli mores nuper adversi erant,' dixit Bubo.

'Qui?'

'Pluit,' explicavit Bubo.

'Ita est,' dixit Christophorus Robinus. 'Pluit.'

'Inundatio iam altitudinem inauditam aequat.'

'Quae?'

'Est abundantia aquae,' explicavit Bubo.

'Est,' dixit Christophorus Robinus. 'Sane est.'

'Nihilominus, melior tempestatum ratio provideri potest. Quandocumque. . . .'

'Vidistine Pum?'

'Minime. Quandocumque. . . .'

'Confido eum valere,' dixit Christophorus Robinus. 'Cura mihi est, quid agat. Credo Porcellum cum eo esse. Putas eos recte valere, Bubo?'

'Puto. Quandocumque enim. . . .'

'I et vide Bubo! Pu parum habet cerebri et aliquid inconsiderati facere potest, et eum valde diligo, Bubo. Tenes quid dicam, Bubo?'

'Optime,' dixit Bubo. 'Eo. Statim huc revertor.' Et alis se sustulit.

Aliquanto post revertit.

'Pu abest,' dixit.

'Abest?'

'Aderat. In ramo arboris cum vasibus mellis sedebat. Sed nunc illic non est.'

'O Pu,' exclamavit Christophorus Robinus. 'Ubi es?'

'Ecce me,' sonavit a tergo vox grunniens.

'Pu!'

Alter alterum amanter complexus est.

'Quomodo huc pervenisti?' rogavit Christophorus Robinus simul ac iterum loqui valuit.

'In nave mea,' dixit Pu superbus. 'Nuncium maximi momenti in lagenula accepi, sed propter oculos madefactos legere nequeo, attuli igitur, in mea nave.' His superbis verbis nuncium Christophoro Robino porrexit.

'Scripsit meus ista Porcellus!' exclamavit nuncio lecto Christophorus Robinus.

'Nihil quod ad Pum pertinet in nuncio?' rogavit super humeros eius spectans ursus.

Christophorus Robinus nuncium clara voce legit.

'Sunt isti "P" Porcelli? Credidi eos Puos esse.'

'Statim eum servare oportet! Credidi eum tecum fuisse, mi Pu! Bubo, potesne eum humeris attollere?'

'Minime,' dixit Bubo graviter secum cogitans. 'Dubito num musculi dorsuales necessarii. . . .'

'Tum vero potesne protinus ad eum volare et eum de auxilio nostro certiorem facere? Et Pu atque ego de auxilio cogitabimus et quam ocissime accurremus. Tace modo, Bubo, festina!' Etiam tum de aliqua re dicenda cogitans Bubo se alis levavit.

'Dic age Pu,' dixit Christophorus Robinus. 'Ubinam est navis tua?'

'Ut verum fatear,' Pu cum ad ripam insulae descenderent, explicavit, 'aliquantulum discedit a communi genere navium. Modo navis, modo autem potius calamitas est. Prout accidat.'

'Accidat quid?'

'Accidit, ut insuper, accidit ut infra vas essem. . . .'

'Bene, sed ubi est?'

'Hicce,' dixit Pu, 'Ursum fluctuantem' digito indicans. Non erat quod Christophorus Robinus exspectaverat, sed quo diutius vas contemplabatur, eo magis qualis ursus fortis et prudens Pu esset cogitabat, et quo magis Christophorus Robinus hoc cogitabat, eo magis Pu oculos modeste secundum nasum dejecit haec omnia non esse praetendens.

'Sed navis nos duos non capit!' dixit Christophorus Robinus maestus.

'Cum Porcello tres sumus.'

'Tribus etiam minor est. O urse mi, quid faciamus?'

Tum autem Ursus, Ursus Pu, Winnie ille Pu, P. A. (Porcelli amicus), S. L. (Socius Leporis), P. E. (Poli explorator), C.I.I.Q.C.I. (consolator Ioris, ille qui caudam invenit) – Pu ipse consilium tam prudens dedit, ut Christophorus Robinus eum ore hiante et intentis oculis intuitus sit et vix crederet illum eundem esse ursum parvi cerebri, iam diu dilectum et amatum.

'In umbella navigare possumus,' dixit Pu.

'??'

'In umbella navigare possumus.'

'!!!!!!'

Quia Christophorus Robinus illico intellexit id fieri
posse. Umbellam aperuit et inverso apice in aqua collocavit. Fluctuabat sed vacillabat. Pu primus intravit.
Iam dicturus erat omnia bene se habere, cum animadvertit
quod haud bene se haberent itaque post potum brevem
et nullo modo desideratum per aquam ad Christophorum
Robinum revertit. Deinde navem conjunctim con-
scenderunt et vacillatio desivit.

'Navem "Cerebrum Pui" vocabo,' dixit Christophorus
Robinus et CEREBRUM PUI vela ventis dedit et cursum
in Africum direxit, venuste se convertens.

Mentibus fingere potestis Porcelli gaudium, cum
postremo ei navis obviam se dedit! Insequentibus annis
libenter cogitabat se per totum tempus terribilis inun-
dationis maximo in discrimine versatum fuisse, sed

unicum periculum nihil nisi ultima semihora captivitatis
fuerat cum Bubo qui nuper advolaverat in arboris eius
ramo residens ei solacium praeberet et historiam longis-
simam de matertera narraret, olim perperam ovi gaviae
enixa et historia pergebat et pergebat sicut haec sententia
donec Porcellus, qui sine magna spe e fenestra attentas
aures praebuerat, tranquille et naturaliter obdormivit et
lente versus aquam delapsus est, quoad digitis tandem
pedum haesit cum autem contigit, ut Bubo repente
magna voce vagitum daret, qui pars historiae erat, videlicet
quod matertera dixerat, et Porcellus expergefactus
vixdum tempus habuit in tutum resiliendi et dicendi:
'Mirum, et fecit quid? . . .' bene, vobis mentibus fingere
potestis gaudium cum postremo conspexit bonam navem
CEREBRUM PUI (navis magister: Christophorus Robinus;
progubernator: Ursus Pu) aequor transcurrentem ad eum
servandum. . . .

Ac quia haec est vera clausula fabulae et ego ultimam
post sententiam defatigatus sum, puto me hic finem facere.

# X

¶ Quo in capite Christophorus Robinus
convivium in honorem Pui dat et
'Valete' dicimus

DIE QUODAM, CUM sol Maii mensis fragrantiam
secum portans supra silvam revertisset, cum omnes silvae rivuli alacriter tintinnirent, cum lacus de
vita visa et de magnis rebus gestis somniantes jacerent,
cum in calore et quiete silvae cuculus vocem diligenter
exerceret, an vocem amaret auscultando, et turtures
secum lamentarentur, pigro ac commodo modo, quod
culpa alterius, sed magni momenti minime fuisset – die
tali Christophorus Robinus modo suo peculiari sibilavit et
Bubo e Nemore Centum Jugerum evolavit, ad, quid iube-
ret, explorandum.

'Bubo,' dixit Christophorus Robinus, 'amicos in convivium vocabo.'

'Verumne? Itan'?' dixit Bubo.

'Et est convivium speciale, ad res gestas Pui cele-
brandas, quas gessit, cum faceret quod fecit, cum
Porcellum ex inundatione servavisset.'

'Ain', eum ad finem datur convivium?' dixit Bubo.

'Ita est, visne igitur quam ocissime Puo et ceteris
omnibus nuntiare, quia cras erit?'

8           [ 107 ]

'Idne est verum?' dixit quam auxiliabundissime Bubo.
'I et dic omnibus, amabo te, Bubo!'

Bubo conatus est de aliqua re sapientissima ad dicendum idonea cogitare, sed nequivit itaque ad eventum ceteris nuntiandum evolavit. Primus autem certior factus fuit Pu.

'Pu,' dixit Bubo. 'Christophorus Robinus convivium parat.'

'O,' dixit Pu. Et videns Bubonem alia sua verba exspectantem subjunxit: 'Eruntne lepidae crustulae cum incrustatione rosea sacchari?'

Bubo dialogum de crustulis parvulis cum incrustatione rosea sacchari se dedecere ratus, verbis Christophori Robini accurate redditis Iorem petitum evolavit.

'Convivium in honorem meum,' cogitabat Pu et coepit mirari, si omnia cetera animalia scirent convivium peculiare in honorem suum dari, et si Christophorus Robinus eis omnia de 'Urso fluctuante' et de 'Cerebro Pui' narravisset et de omnibus navibus mirabilibus a se inventis et navigatis, et cogitare coepit, quam terribile esset si omnes harum rerum obliti fuissent neque quisquam, qua de causa convivium celebraretur, sciret; et quo diutius ita cogitabat, eo magis convivium in mente eius confundebatur, sicut somnium, cum nihil bene evenit. Somnium autem ipsum in capite eius canere coepit donec carmen huiusmodi factum est:

### Carmen Pui timidi

Io vivat Pu
Es tu?
Est Pu!
Umbellae gubernator
Et Porci liberator!
Indica tu:
Cur clamat Pu?
Dum patuit fugae unda
Non timuit maris profunda
Lagenulae nuntio lecto
Succurrit amico dilecto!
In aquis?
Quis?
Optimus ursus mundi
Aequoris heros profundi!
Is?
Dic istud bis!
Pu fuit parvulus ursus!
Dic dum hoc rursus!
Libenter, sis:
Pu qui bonus et rectus est
In cymba ad Porcellum vectus est
Sed nunc vehementer
Mel quaerit Pu-ursi venter.

[ 109 ]

Dum haec intus eo geruntur, Bubo cum Iore loquebatur.

'Ior,' dixit Bubo, 'Christophorus Robinus convivium parat.'

'Id est magni momenti et ponderis,' dixit Ior. 'Censeo eos mihi micas reliquas et pedibus calcatas epularum missuros. Cari et amabiles sunt. Minime, omitte mentionem facere.'

'Ecce invitatio pro te.'

'Invitatio qualis generis?'

'Invitatio!'

'Sic, iam audivi. Cuius e manibus elapsa est?'

'Non est res esculenta, est invitatio ad convivium. Cras!'

Ior lente caput quassans: 'Porcellum vis invitare,' dixit. 'Parvulum illum cum auriculis trepidantibus. Porcellum videlicet dicis. Ei nuntiabo.'

'Minime, minime,' dixit Bubo, iam impatienter. 'Tu es.'

'Serion' dicis tu?'

'Scilicet, hoc pro certo habeo. Christophorus Robinus dixit: "Universos omnes! Dic omnibus!"'

'Omnibus praeter Iorem?'

'Omnibus,' dixit Bubo humiliter.

'O,' dixit Ior. 'Error, procul dubio, promitto tamen. At si imber erit, nemo mi objiciat.'

Sed non pluebat. Christophorus Robinus longam mensam ligneam construxerat et omnes mensam circumsedebant. Christophorus Robinus in summo sedebat, Pu imus et intra eos hic erant Bubo, Ior et Porcellus, illic autem Lepus, Canga et Ru. Et omnes Leporis cognati et amici per herbam fusi erant, si quis eos appellare vellet, aut aliquid manibus demitteret, aut horas quaereret, exspectantes.

Erat autem primum convivium in vita Rui et ipse trepidabat. Ut primum consederunt loqui coepit.

'Salve Pu,' vagivit.

'Salve Ru,' dixit Pu.

Ru paulisper in sella subsultabat, deinde denuo incepit:

'Salve Porcelle,' vagivit.

Porcellus distentior, quam ut aliquid dicere posset, ungula innuit.

'Salve Ior,' dixit Ru.

Ior maestus adnuit. 'Imbres impendent. Aut omnia me fallunt,' dixit.

Ru coelum scrutatus est, si impenderent, sed non impendebant, itaque dixit: 'Salve Bubo,' et Bubo lepide dixit: 'Salve amicule' et perrexit de calamitate, quae non multum abfuerat, quin amico suo, quem Christophorus Robinus omnino ignorabat, accidisset, loqui et Canga dixit Ruo: 'Primum bibe, corcule, deinde loquere.' Itaque Ru, qui lac bibebat dicere conatus est, se utrumque simul posse . . . et aliquamdiu tergum eius tundere et eum abstergere oportuit.

Cum omnes bellule suffarcinati erant, Christophorus Robinus mensam cochleare pulsavit et omnes praeter Rum, qui singultu vehementer correptus esse cessavit et cognatus Leporis videri conabatur a colloquio desiverunt et intra silentium se tenuerunt.

'Hoc convivium,' dixit Christophorus Robinus, 'est convivium quia aliquis aliquid fecit, et nobis omnibus notum est qui fuerit et est convivium eius, eius actionis causa et habeo donum pro eo et ecce donum.' Deinde aliquamdiu quaerens palpabat et susurravit: 'Ubi est?'

Dum quaerit Ior vehementer tussiculavit et in sermonem ingressus est:

'Amici et convivae,' dixit, 'gaudere me tum dicam si mihi hoc verbo licebit uti – aut potius forsitan – me adhuc gavisum esse dicam, vos in convivio meo conspicere. Quod feci, nihil fuit. Unusquisque vestrum – praeter Leporem, Bubonem et Cangam – idem fecisset. Dictis meis, videlicet, transeo Porcellum et Rum, quia nimiopere parvuli sunt. Unusquisque vestrum idem fecisset. Sed coeco casu egomet fui. Supervacuum est notare, sed certe non egi, ut munus, quod nunc Christophorus Robinus quaerit, accipiam' – et ungulam primorem ad os admovens magna voce susurravit: 'Sub mensa conare!' – 'Profecto non ea de causa egi, sed quia mihi persuasum est, nos omnes quantum est situm in nobis, omnibus et opem et salutem ferre debere. Sentio, nos omnes. . . .'

'Hu-up,' dixit fortuito Ru.

'Ru carissime,' dixit, eum increpans, Canga.

'Egon' fui?' dixit Ru aliquantum obstupefactus.

'Quid narrat Ior?' susurravit Porcellus ad Pum.

'Nescio,' dixit Pu luguberrimus.

'Credidi convivium in honorem tuum datum fuisse.'

'Olim ego quoque credidi. Sed nunc non censeo.'

'Quam mallem tuum, neque Ioris esse convivium!' dixit Porcellus.

'Etiam ego,' dixit Pu.

'Hu-up,' dixit denuo Ru.

'Quod modo proposui,' dixit Ior magna voce et severe,

'sicut modo proposui, cum variis clamoribus dissonis interruptus fuissem, sentio. . . .'

'Ecce,' clamavit Christophorus Robinus alacriter. 'Tradite ad vetulum Ursulum stultulum. Est pro Puo!'

'Pro Puo?' dixit Ior.

'Scilicet est. Est optimus ursus mundi.'

'Scire debuissem,' dixit Ior. 'Si verum quaerimus, non possum lamentari. Sunt mihi amici. Aliquis heri me allocutus est. Et fuit proxima hebdomade, aut paenultima quod Lepus in me incidens "malum!" dixit. . . . . Circulus socialis. Semper aliquid agitur.'

Nemo auscultabat, quia omnes dicebant: 'Aperi, Pu!' 'Quid est, Pu?' 'Scio, quid sit.' 'Nescis –' et dicta huius-modi opifera. Videlicet Pu, quam ocissime citra desec-tionem funiculi potuit – quia nunquam sciri potest quando aliquantulum funiculi utile esse possit – aperuit. Postremo apertum fuit.

Pu cum quid esset, vidit, parum abfuit quin col-laberetur gaudio. Erat theca graphidum singularis. Intus erant graphides cum signo B (Bono), B.B. (bono beneficoque) H.B. (heroico bonoque). Intus erant cuspi-damentum plumbarium, cummi indianum ad verba errata eradenda, regula ad lineas ducendas ad verba supra ambulantia idonea, cum distantiis unciarum insuper inscriptis, si quis forte quantum unciarum aliquid esset scire cuperet et graphides caeruleae, graphides rubrae et graphides virides ad res peculiares in coloribus caeruleis, rubris et viridibus dicendas. Omnia haec lepida in sinibus singularibus erant, qui cum sonitu 'clic' claudebantur. Et omnia Pui fuere.

'O!' dixit Pu.

'O Pu!' dixerunt omnes praeter Iorem.

'Gratias ago,' grunnivit Pu.

Sed Ior secum dixit: 'Negotium scriptionale. Graphides et quodcumque. Res nimis admiratae, si quaeritis a me quid sentiam. Nugae. Ineptiae.'

Postea, cum omnes Christophoro Robino 'Vale' et 'Gratias ago' dixissent, Pu et Porcellus per vesperum aureum conjunctim meditabundi domum ierunt et per multum tempus silebant.

'Mane, simul atque expergefactus es, Pu,' dixit postremo Porcellus, 'quid est primum, quod tecum dicis?'

'Quid mihi in ientaculum paratur? Tu autem quid dicis o Porcelle?'

'Dico: scire aveo, quid magni momenti hodie accidat,' dixit Porcellus.

Pu meditabundus adnuit.

'Est idem,' dixit.


'Quid tandem accidit?' rogavit Christophorus Robinus.

'Quando?'

'Postridie, mane.'

'Nescio.'

'Potesne cogitare et Puo ac mihi aliquando narrare?'

'Si id tibi cordi est.'

'Puo est,' dixit Christophorus Robinus.

Suspirium ex imo duxit, ungulam ursi apprehendit et ostio, Winnie ille Pum post se trahens, exiit. Apud ostium respexit et dixit: 'Venisne ad me balneo utentem videndum?'

'Possum,' dixi.

'Theca graphidum Pui melior erat, quam mea?'

'Eadem erat,' dixi.

Adnuit et exiit . . . et post punctum temporis audivi Winnie ille Pum tump-tump-tump gradum post eum revocare.

# Appendix

Lectores nonnulli assidue rogitant:

'Qualis erat clausula carminis, quam Canga auscultare noluerat?'

Eis, antequam VALE diceret, Winnie ille Pu ultimas strophas amice cantat:

> Diem Veneris dum ago
> Et per silvam vacans vago,
> Meditor percontor me:
> Est-ne? It-ne? Habet-ne?

> Sabbato, oh animalia!
> (Quibus? Quonam? Quorsum? Qualia?)
> Sciscitor ex aliquo:
> Quali modo et cum quo?

> Die Domini in ludo
> Hanc canticulam concludo,
> Quod non novi, nescio
> Dormo, sterto, somnio.

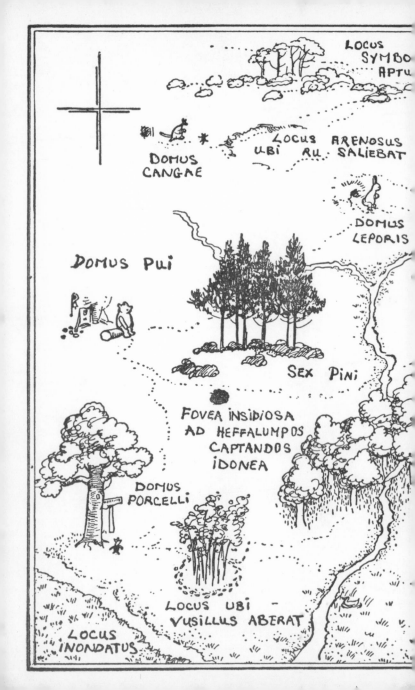